Stefan Zawilla
Frau Luther

Der Autor

Stefan Zawilla, Jahrgang 1974, wurde in der Rattenfängerstadt Hameln geboren. Seit seiner Jugend beschäftigt er sich mit dem Schreiben, zunächst der Lyrik, später wendet er sich „familienbedingt" dem Schauspiel zu. Er textet und bearbeitet die Stücke der Theatergruppe Didel-Dadel-Dum Junges Theater St. Magnus in Beber, deren Gründerin seine Frau Peggy ist. 2011 adaptiert er mit großem Erfolg den Roman Don Quijote als Komödie. Frau Luther ist sein erstes Drama, entstanden innerhalb von 15 Monaten und rechtzeitig fertiggestellt vor dem Jubiläumsjahr der Reformation in 2017.

Die Gruppe

Rund 30 Jugendliche und junge Erwachsene im Alter von 6 bis 60 Jahren bilden Didel-Dadel-Dum, das Junge Theater der Kirchengemeinde St. Magnus in Beber, gegründet 1999. Darunter sind begeisterte SchauspielerInnen, TänzerInnen sowie Techniker und HelferInnen, die jedes Jahr im Herbst ein abendfüllendes Stück auf die Bühne bringen. Für das Heimspiel in Beber wird eigens in die Mehrzweckhalle eine Bühne eingebaut.

Ausführliche Informationen über das Junge Theater erhalten Sie auf der Internetseite unter

www.didel-dadel-dum.de

Stefan Zawilla

Frau Luther

Lass uns heute die Welt verändern

Ein Schauspiel in vier Akten

Bibliografische Informationen der deutschen Bibliothek: Die Deutsche Bibliothek verzeichnet diese Publikation in der deutschen Nationalbibliografie; detaillierte bibliografische Daten sind im Internet über http://dnb.dnb.de abrufbar.

Text:
© 2016 Stefan Zawilla
www.didel-dadel-dum.de

Umschlagfoto:
© 2016 Alexander Hessenkamp

Alle Rechte vorbehalten, insbesondere das der Aufführung durch Berufs- und Laienbühnen, des öffentlichen Vortrags, der Verfilmung und Übertragung durch Rundfunk, Fernsehen, Internet und andere audiovisuelle Medien, auch einzelner Abschnitte. Das Recht der Aufführung ist nur von Stefan Zawilla (stefan.zawilla@didel-dadel-dum.de) zu erwerben.

Herstellung und Verlag:
BoD – Books on Demand, Norderstedt.

ISBN: 9783741240621

Inhalt

Vorworte

Christian Priesmeier
Daniel Nagel

Frau Luther – Lass uns heute die Welt verändern

Personen
Das Schauspiel

Dank und Mitwirkende

Vorwort

von Christian Priesmeier

Manche Leute sagen, dass „ein Mann immer nur so stark sein kann, wie es seine Frau ist" oder dass „hinter jedem großen Mann eine starke Frau stehen muss." Zitate, die man nicht nur in Beziehungsbüchern, sondern auch in der humoristischen Literatur wiederfindet.

Über Beziehungen zwischen Mann und Frau gibt es unzählige Anekdoten und Geschichten. Von schnulziger Liebesgeschichte bis zum Beziehungsdrama wird kaum etwas von Literatur, Film, Fernsehen oder Theater ausgelassen. Über die guten und schlechten Zeiten, über gewonnenes und verlorenes Glück einer Freundschaft oder Ehe lässt sich halt trefflich sprechen. Nicht nur in der Moderne, sondern seit jeher.

Katharina von Bora, die auch scherzhaft mein „Herr Käthe" oder die „Lutherin" genannt wurde, war bestimmt eine starke Frau. Eine selbständige, freidenkende und freiredende Frau – so wie es in einem Papier der EKD vor kurzem stand – die als ein Vorbild für so manche Frau von heute dienen kann. Etwas anderes kann und sollte man von ihr nicht behaupten, denn mit Engagement und

Willenskraft hat sie im Hause Luther gewirkt und stand dabei dem Reformator Martin Luther „in guten wie in schlechten Zeiten" zur Seite.

Und dabei hat nicht die Liebe Katharina in die Arme ihres Martins getrieben, sondern seine von ihm verfassten Schriften: gegen den Ablass und die für ihn falsch verstandene Glaubenslehre der römischen Kirche. Ansichten, die Katharinas Leben als Nonne betrafen und sie tief im Innern berührten.

Eine Flucht aus dem Kloster, aus der Abgeschiedenheit, hinein in die Welt, in ein aufregendes Leben und Abenteuer, das für sie nicht damit endete, dass ein verwegener und aufrührerischer „Augustinermönch aus Wittenberg eine entlaufene Zisterzienser Nonne" heiratete. Es war sicherlich eine Provokation für Papst und Kirche, aber gleichzeitig Aufbruch und Neuanfang, denn durch Katharina hat der „große" Martin einen neuen Platz gefunden. Die fehlende Seite die er brauchte um die Welt, so wie sie war, für immer zu verändern. Katharina sei Dank!

Herzlichst Ihr
Br. Christian Priesmeier

Vorsitzender der Lutheriden-Vereinigung e.V.
und Familiare im ev.-luth. Zisterzienser Kloster Amelungsborn

Offen – von Autor zu Autor

von Daniel Nagel

Lieber Stefan,

du hast mir erlaubt, „Frau Luther" bereits vor vielen anderen kennenlernen zu dürfen. Das ehrt mich sehr.

Ich las dein Stück und sagte dir ehrlich meine Meinung. Die war kritisch und hart, aber eben ehrlich. Wir Autoren werden schnell zu Prinzessinnen, wenn es um unsere Werke geht. Davon kann ich ein Lied singen.

Den abschließenden Satz dieser Kritik möchte ich hier zum Besten geben:
„Von dem was ich gesehen und gelesen habe, halte ich "Frau Luther" für deine bisher beste Theaterarbeit."

Die Detailverliebtheit, Akribie und das Herzblut, dass dich für mich seit unserem Erstkontakt im Januar 2008 auszeichnet, erreicht in den Zeilen deines Werkes ein neues Niveau. In einer so schnelllebigen Zeit wie unserer ist es essentiell, innezuhalten und zurückzublicken. Genau das ermöglichst du deinem Leser mit „Frau Luther", indem du ihn regelrecht in eine düstere Vergangenheit entführst und ihm darüber hinaus zum Zeugen eines der denkwürdigsten Ereignisse unserer Geschichte machst.

Doch am Ende ist es die Perspektive aus der du die Geschichte, die du dem Leser, dem Zuschauer, anbietest, die dein Stück zu etwas ganz Besonderem macht und mit der du die Welt bereits ein ganz klein bisschen zum Besseren verändert hast.

Daniel

Daniel Nagel ist Autor der Theaterstücke Lysander, Der Patensohn und ROSA

Personen

in der Reihenfolge ihres erstmaligen Auftretens

Prolog

KLEINE KATHARINA
10 bis 15 Jahre alt, Schülerin im Kloster Marienthron

JUNGE KATHARINA
16 bis 28 Jahre alt, Nonne in Marienthron, später entflohen

ERWACHSENE KATHARINA
29 bis 53 Jahre alt, Martin Luthers Frau

Akt I: Kloster Brehna

DIE 6-JÄHRIGE KATHARINA

KÄTHES VATER

KÄTHES STIEFMUTTER

ÄBTISSIN IM KLOSTER BREHNA

ZWEI GEHILFINNEN IM KLOSTER BREHNA

MARTIN LUTHER (DER JUNGE LUTHER)
21 bis 44 Jahre alt, zunächst Student der Rechte, dann junger Mönch und Reformator, später Ehemann Katharinas

Kloster Nimbschen

ELSA, ELISABETH VON CANITZ

VERONIKA VON ZESCHAU

GRETE, MARGARETE VON ZESCHAU
Veronikas Schwester

LANETA VON GOHLIS

LENE, MAGDALENA VON BORA
Käthes Tante, Schwester ihres Vaters; zunächst Siechenmeisterin in Nimbschen, später als Muhme Lene im Haus der Luthers

MARGARETE VON HAUBITZ
Äbtissin in Nimbschen, eine entfernte Verwandte Käthes mütterlicherseits

EVA GROSSE

MAGDALENA VON STAUPITZ
ältere Mitschwester von Katharina, Kantorin und Organistin in Nimbschen

AVE VON SCHÖNFELD
Mitschwester Käthes und Luthers erste Liebe

MARGA, MARGARETE VON SCHÖNFELD
Aves ältere Schwester

MEHRERE WITTENBERGER BÜRGER

LEONHARD KOPPE
Kaufmann aus Torgau, Lieferant des Klosters und Freund Luthers

ZWEI TORWÄCHTER

Akt II: Bei Cranachs

LUCAS CRANACH DER ÄLTERE
Hofmaler und Unternehmer in Wittenberg, reichster Bürger der Stadt, geboren 1472, also um die 50 Jahre alt, als Käthe bei ihm wohnt

BARBARA CRANACH
seine Frau, circa 5 Jahre jünger als er

HIERONYMUS BAUMGÄRTNER
Student in Wittenberg, Patriziersohn aus Nürnberg, Katharinas erste Liebe

DOKTOR KASPAR GLATZ
Pfarrer in Orlamünde, linkisch und hässlich

CHRISTIAN II. VON DÄNEMARK
König im Exil, zu Besuch bei Cranachs, etwa so alt wie Luther

Trauzeugen der Luthers

JOHANN APEL
Jurist und Trauzeuge

JOHANNES BUGENHAGEN
Stadtpfarrer in Wittenberg und Trauzeuge, wegen seiner Herkunft auch Dr. Pommer genannt

JUSTUS JONAS
Propst der Schlosskirche in Wittenberg

Akt III: Im Schwarzen Kloster

ROSINE
Magd im Hause Luther

MARIE
Magd im Hause Luther

KATHARINA JONAS
Ehefrau von Justus Jonas, Freundin von Käthe

ELISABETH KREUZIGER
Ehefrau des Theologen Caspar Kreuziger, Freundin von Käthe

EINE ODER MEHRERE PESTKRANKE

MARTIN LUTHER (DER ALTE LUTHER)
44 bis 62 Jahre alt, Käthes Ehemann, nach dem Tod der 1. Tochter

MEHRERE KINDER IN VERSCHIEDENEN ALTERSSTUFEN
Luthers eigene Kinder und aufgenommene Waisenkinder, hier namenlos

LENCHEN
Luthers zweite Tochter Magdalene, sein "Lieblingskind". Im 3. Akt ein Mädchen zwischen 6 und 10 Jahren (ca. 1535-1539)

PHILIPP MELANCHTHON
Magister und Professor für griechische Sprache an der Universität Wittenberg. Sprachgenie, Philosoph, Reformator und enger Freund der Luthers

ZWEI STUDENTEN
Kostgänger im Hause Luthers, ebenso als Gäste und Schreiber bei den Tischreden

Akt IV: Im Schwarzen Kloster

MARGARETA
Käthes jüngste Tochter, hier im Alter von 18 Jahren

Prolog

Leere Bühne.

Die drei Katharinas. Die Kleine als Klosterschülerin, die Junge in magdähnlicher Kleidung, so wie sie diese später bei Cranachs trägt, jedoch mit modernen Utensilien: Handy, Sonnenbrille, Handtasche. Die Erwachsene in ihrem typischen Aussehen wie auf den Portraits.

(Einblendung: die Cranach-Portraits von Martin Luther und Katharina von Bora.)

KLEINE KATHARINA Hallo!

JUNGE KATHARINA *(ins Handy.)* Hallo.

ERWACHSENE KATHARINA Hallo.

KLEINE KATHARINA Hallo.

JUNGE KATHARINA Hallo.

ALLE DREI ZUSAMMEN *(zum Publikum.)*
Ich bin Frau Luther aus Sachsen.

JUNGE KATHARINA Ich wurde geboren als Katharina von Bora im Jahre 1499, in einer ganz anderen Welt.

ERWACHSENE KATHARINA In einer Welt, in der es kein Telefon gab ...

JUNGE KATHARINA *(legt das Handy ab.)*

ERWACHSENE KATHARINA … nur Briefe.

KLEINE KATHARINA Kein Fernsehen?

ERWACHSENE KATHARINA Nur Herolde, Gaukler und Marktschreier.

JUNGE KATHARINA Keine Autos.

ERWACHSENE KATHARINA Nur Kutschen und Pferde. – Die bekannte Welt bestand zu dieser Zeit aus Europa, Nordafrika und Vorderasien.

(Einblendung: Weltkarte von Henricus Martellus Germanus aus dem Jahre 1490.)

ERWACHSENE KATHARINA China und Indien waren für die meisten Menschen weit entfernte mythische Reiche, aus denen seltene Gewürze eingeführt wurden, die nur die Allerreichsten bezahlen konnten.

KLEINE KATHARINA Sieben Jahre vor meiner Geburt entdeckte Christoph Kolumbus auf der Suche nach einer Passage das sogenannte Westindien.

JUNGE KATHARINA Dass es sich dabei um einen neuen Kontinent handelte, stellte erst zehn Jahre später der italienische Kaufmann Amerigo Vespucci fest.

ERWACHSENE KATHARINA Den "richtigen" Seeweg nach Indien hatte mittlerweile der Portugiese Vasco da Gama entdeckt.

(Einblendung: Weltkarte von Martin Waldseemüller aus dem Jahre 1507.)

KLEINE KATHARINA Es dauerte mehrere Jahre, bis diese neuen Erkenntnisse auch in Sachsen bekannt wurden ...

JUNGE KATHARINA *(legt ihre Sonnenbrille ab.)*
… das könnt ihr euch sicher vorstellen.

ERWACHSENE KATHARINA Es war eine Welt, in der jedes Buch ein wertvolles, in Handarbeit von Mönchen hergestelltes Einzelstück war.

(Es wird ein großes Buch gebracht, die Nachbildung einer Gutenberg-Bibel.)

KLEINE KATHARINA Der Buchdruck wurde zwar schon fünfzig Jahre vor meiner Geburt erfunden, aber die neue Technik breitete sich nur langsam aus.

JUNGE KATHARINA Um 1500 gab es weltweit etwa 250 Druckerpressen, davon 60 im Heiligen Römischen Reich Deutscher Nation.

ERWACHSENE KATHARINA Im 16. Jahrhundert war jedes dritte Buch ein Text von Martin Luther ...

KLEINE KATHARINA ... das kann man sich kaum vorstellen.

JUNGE KATHARINA Martin Luther war mein Mann.

(Pause.)

ERWACHSENE KATHARINA Die Jahre um 1500 hat man später als Zeitenwende bezeichnet, als das Ende des Mittelalters und den Beginn der Neuzeit.

KLEINE KATHARINA In Florenz schuf Leonardo das berühmteste Gemälde der Welt.

(Einblendung: Mona Lisa, entstanden 1503-1506.)

JUNGE KATHARINA In Rom malt Michelangelo die Decke der Sixtinischen Kapelle.

(Einblendung: Die Erschaffung Adams, 1508-1512.)

ERWACHSENE KATHARINA In einer Welt, in der so schöne Dinge entstanden – gab es zugleich unsagbar viel Hässliches, Leiden und Not.

KLEINE KATHARINA Deutschland bestand aus Hunderten von Kleinstaaten und Reichsstädten.

JUNGE KATHARINA Das Zentrum der bekannten Welt war Rom.

ERWACHSENE KATHARINA Und der Herrscher von Rom war der Papst. Hier hatte die Kirche das absolute Sagen … in Gedanken, Worten und Werken. – Die Kirche ...

KLEINE KATHARINA Welche Kirche, die katholische?

JUNGE KATHARINA Katholisch, evangelisch, lutherisch – das gab es damals noch nicht.

ERWACHSENE KATHARINA Ich spreche von der einen Kirche, die unter dem Deckmantel der Pilgerfahrt die Kreuzzüge führte, einen "Heiligen Krieg" des Abendlandes gegen die muslimischen Staaten im Nahen Osten ...

JUNGE KATHARINA … die die Inquisition erfand, eine unmenschliche Jagd auf Ketzer und Andersgläubige, was oft mit der Verbrennung der Angeklagten endete.

ERWACHSENE KATHARINA Also die heilige römische Kirche, die zu dieser Zeit, um das Jahr 1500 einen intensiven Ablasshandel unterhält.

KLEINE KATHARINA Was ist ein Ablasshandel?

JUNGE KATHARINA Ablass bedeutet das Erlassen von Sünden. Die Gläubigen konnten sich bei der Kirche von ihren Strafen freikaufen.
(legt ihre Handtasche ab.)

ERWACHSENE KATHARINA Also ein einfaches Tauschgeschäft: Geld gegen Straferlass. Kein Geld – kein Erlass.

JUNGE KATHARINA Das verstanden die Leute und sie gaben reichlich, aus Angst vor dem, was nach dem Tod kommen würde: das Fegefeuer.

ERWACHSENE KATHARINA Das war sehr praktisch, wie eine Versicherung. Man konnte sich von kleinen Sünden und auch großen Verbrechen freikaufen. Sogar von denen, die man noch gar nicht begangen hatte!

KLEINE KATHARINA Aber wie soll denn das gehen, wie kann die Kirche verhindern, dass jemand von Gott für seine Sünden bestraft wird?

(Die beiden Älteren blicken sich an und dann die Kleine.)

JUNGE UND ERWACHSENE KATHARINA *(zusammen.)* Eben!

JUNGE KATHARINA Das war gelooogen.

ERWACHSENE KATHARINA Aber trotzdem, das Geld sprudelte reichlich. Einen Großteil erhielt der Papst, der davon den Petersdom bauen ließ, das größte Kirchengebäude der Welt.

JUNGE KATHARINA Den Rest bekamen die geistlichen und weltlichen Fürsten, die fest mit diesen Einnahmen rechneten. Damit wurden Straßen finanziert oder Universitäten oder Kriege.

ERWACHSENE KATHARINA Das alles im Namen der Kirche, im Namen des Herrn.

JUNGE KATHARINA *(zum Publikum.)* Das könnt ihr euch nicht vorstellen.

ERWACHSENE KATHARINA Das kann sich keiner vorstellen.

(Die drei gehen mit jedem folgenden Einsatz weiter auf das Publikum zu, bis sie am Bühnenrand stehen.)

KLEINE KATHARINA Die Welt war im Wandel, im Umbruch überall, als ich in sie hineingeboren wurde.

JUNGE KATHARINA Die Welt stand vor ihrem Untergang.

ERWACHSENE KATHARINA In dieser Welt ...

KLEINE KATHARINA ... in jenem Jahrhundert ...

JUNGE KATHARINA ... wurde es Zeit, dass jemand aufsteht ...

ERWACHSENE KATHARINA ... ein Mann und eine Frau ...

KLEINE KATHARINA ... die sagen:

ALLE DREI ZUSAMMEN Hier stehe ich und kann nicht anders ...

JUNGE KATHARINA Lass uns heute die Welt verändern!

(Einsetzendes Gewitter. Dunkel, Blitz und Donner. Regengeräusch. Alle drei ab.)

Akt I

Szene 1

Kloster Brehna. An der Klosterpforte. Später Abend, es ist bereits dunkel. Einsetzender Starkregen, vereinzelt Blitz- und Donnergeräusche. Hintergrund: Hohe Klostermauern.

Die 6-jährige Katharina mit ihrem Vater und der Stiefmutter. An der Pforte: Äbtissin und zwei Gehilfinnen.

Später: Die drei Katharinas. Danach: der junge Luther.

Äbtissin *(mit einer Laterne oder Kerze.)*
Kommt herein, das Wetter ist ganz grauslig.

Vater Wir mögen uns gar nicht lange aufhalten. Hier ist also das Mädchen.

6-jährige Katharina *(quengelig.)*

Stiefmutter *(resolut, hartherzig.)*
Jetzt bist aber still. Gleich bist uns los.

Vater *(weniger hart.)*
Nun lass sie schon. Käthchen, hier ist nun das Kloster. Die Äbtissin nimmt dich in ihre Obhut. Hier wird es dir gutgehen. – Frau Äbtissin, herzlichen Dank, 30 ...

6-jährige Katharina *(reißt sich los und läuft davon.)*

ÄBTISSIN So lauft doch schon hinterher.

GEHILFINNEN *(fangen die Kleine ein, bringen sie zurück an die Pforte.)*

6-JÄHRIGE KATHARINA *(protestiert und lässt sich nur unter Mühen ziehen.)*
Ich will nicht, ich WILL da nicht rein!

ÄBTISSIN Geh, Käthchen, du wirst es gut bei uns haben. Dein Vater und deine Mutter wollen nur dein Bestes.

6-JÄHRIGE KATHARINA *(versucht weiterhin sich loszureißen.)*
Nein, nein, das ist nicht meine Mutter!

ÄBTISSIN Herr von Bora, das ist ganz normal. Viele der Kleinen versuchen am Anfang wegzulaufen, aber dann ...

VATER Ja, vielen Dank. Frau Äbtissin, wir sind in Eile, müssen heute Nacht noch zurück. 30 Gulden waren abgemacht?
(überreicht ihr einen schmalen Geldbeutel.)

ÄBTISSIN Vergelts Euch Gott.

VATER Vergelts EUCH. Ihr müsst verstehen, wir können sie nicht länger ernähren. Die Ernte war schlecht, es ist uns alles verhagelt.

STIEFMUTTER Wir ham kaum g'nug für uns selbst und die Ältesten. Auf dem Feld isse keine Hilfe ...

VATER Auch für die schwere Hausarbeit ist sie noch zu klein.

STIEFMUTTER Ihr wisst ja, wie das mit den Gören ist. Wenn sie a Junge geworden wär, so wie ihre Brüder, ja dann ...

VATER Lass gut sein.

ÄBTISSIN Es ist gut, der Herrgott wird ...

(Sie wird von Käthchens Geschrei unterbrochen, die unter lauten Protesten durch die Pforte ins Kloster gebracht wird.)

ÄBTISSIN Sie wird nun ein Kind des Klosters sein und in ein paar Jahren eine Braut Christi. Sie wird lernen, gehorsam und fromm zu sein.

STIEFMUTTER Wir können es nit länger, und ... sie ist ja nicht mal mein eigenes.

VATER Meine erste Frau ist schon tot, wisst Ihr.

Äbtissin Es ist gut, geht mit Gott.
(Ab.)

VATER Auf Wiedersehen.

STIEFMUTTER Endlich, nu ist mir leichter ums Herz.

VATER Ach, sei still. Gehen wir.

(Beide gehen quer über die Bühne ab.)

Die drei Katharinas.

KLEINE KATHARINA Meine Familie stammte aus einem alten Adelsgeschlecht im Herzogtum Meißen.

JUNGE KATHARINA Allerdings waren wir völlig verarmt.

ERWACHSENE KATHARINA Wie so viele zu dieser Zeit gaben auch meine Eltern mich aus wirtschaftlicher Not ins Kloster, weil sie mich nicht ernähren konnten oder dies zumindest glaubten.

KLEINE KATHARINA Ich war sechs Jahre alt.

JUNGE KATHARINA Für 30 Gulden kauften meine Eltern sich los von ihrem 6-jährigen Balg.

Kleine Katharina Das klingt nicht nach viel Geld ...

Junge Katharina Das IST nicht viel Geld. Mehr hatten sie nicht.

Erwachsene Katharina Das Kloster in Brehna verhieß ihrer verstoßenen Tochter Versorgung auf Lebenszeit und zumindest noch eine ordentliche Portion Bildung – die beste, die ein junges Mädchen damals bekommen konnte: Lesen, Schreiben und Latein.

Kleine Katharina Ich habe meine Eltern nie mehr wiedergesehen.

Junge Katharina Bei meiner Einsegnung, zehn Jahre später, waren beide schon tot.

Erwachsene Katharina Ich bin ihnen nicht böse. Nicht mehr.

(Pause.)

Kleine Katharina Zur gleichen Zeit, einen Monat früher oder später, darauf kommt es nicht an ...

Junge Katharina ... geht ein junger Student der Jurisprudenz, Sohn des Bergarbeiters Hans Luther, von Mansfeld nach Erfurt. Er ist auf dem Rückweg von einem Besuch bei seinen Eltern.

(Drei Katharinas ab.)

(Wieder aufkommender Regen und Donner.)

Luther, Student in weltlicher Kleidung, betritt die Bühne.

LUTHER *(versucht mühsam, sich vor Regen und Donner zu schützen.)*
Weiter, weiter, schnell, da vorn muss Stotternheim sein, nur noch eine Stunde bis Erfurt.
(Ein heftiger Blitzschlag trifft genau vor ihm auf den Boden.)
LUTHER *(stürzt/wirft sich hin.)*
O Gott, o mein Gott.
(auf die Knie.)
Das ist das Ende.
(Weitere Blitzeinschläge.)
LUTHER Hilfe, Hilfe!
(weicht den Blitzen aus.)
Heilige Anna, Mutter Marias ...
(schreit.)
hilf mir ... wenn ich das überlebe ...
(in Todesangst.)
so will ich ein Mönch werden!!!
(Luther hat sich neben einem Busch zusammengerollt, der schließlich Feuer fängt.)
(Blitz und Donner lassen allmählich nach. Regen prasselt. Dunkel.)

Szene I.2

Kloster Nimbschen. Großer Saal: Dicke Mauern, strenger Baustil, schmale gotische Fenster.

Luther. Junge und Erwachsene Katharina. Vier junge Nonnen: Elsa, Veronika und ihre Schwester Grete. Laneta. Im Hintergrund: die 6-jährige Katharina.

Später: Kleine Katharina. Danach: Äbtissin Margarete und Lene.

- Eintritt in Marienthron

JUNGE KATHARINA Zwei Wochen danach feiert Martin Luther mit seinen Kommilitonen ein Abschiedsfest und sagt zu ihnen: Mich seht ihr nicht wieder. Er bricht sein Studium ab, verkracht sich mit seinem Vater und tritt freiwillig in das Augustinerkloster in Erfurt ein.

(Glockenläuten. Aus dem Hintergrund treten Luther und die 6-jährige Katharina ins Rampenlicht, jeweils begleitet von zwei Nonnen, die ihnen ein Ordensgewand überstülpen. Luther erhält die schwarze Kutte des Bettelmönchs, die 6-jährige den grauen Habit der Klosterschülerinnen.)

ERWACHSENE KATHARINA Vier Jahre später wurde ich ins Zisterzienserinnen-Kloster Marienthron nach Nimbschen geschickt.

(Dunkel.)

LUTHER *(Ab.)*

(Licht. Hinter der 6-jährigen Katharina ist die Kleine Katharina erschienen, im gleichen Gewand einer Klosterschülerin. Dunkel.)

6-JÄHRIGE KATHARINA *(Ab.)*

(Licht.)

ERWACHSENE KATHARINA Das Kloster Marienthron war für seine strenge Führung bekannt. Hierher kamen hauptsächlich die Töchter der adligen Häuser Sachsens und es herrschten Sitte und Moral – eine Seltenheit für die damaligen Klöster.

Junge Katharina Vielleicht aber hatte mein Vater Marienthron auch deswegen gewählt, weil die Äbtissin eine Verwandte meiner Mutter war: Margarethe von Haubitz. Von ihr hatte ich allerdings keine bevorzugte Behandlung zu erwarten. Und dann war da noch meine Tante Magdalena von Bora, die als Siechenmeisterin für die Versorgung der Kranken zuständig war.

(Abgang der beiden Katharinas. Die verbliebenen vier Nonnen bilden einen Halbkreis, so dass die Kleine Katharina wie im Abseits steht.)

Die vier Nonnen *(tuscheln heimlich miteinander.)*

Elsa Schau, da kommt die Neue. Ich habe gehört, sie ist erst zehn.

Veronika Zehn? Ich dachte neun.

Grete Achtung, die Äbtissin kommt!

Laneta Und Schwester Lene. Pscht!

(Die Äbtissin tritt auf, in respektvollem Abstand dahinter Lene.)

Äbtissin *(streng.)*
Gott zum Gruße. – Das ist Katharina von Bora. Katharina kommt aus Brehna zu uns, aus dem Augustiner-Chorfrauenstift.

Lene Grüß dich, Käthchen. Katharina. Was bist du groß geworden! Ich bin Magdalena.

Kleine Katharina Du bist meine Tante Lene?

Lene Ja, ich bin die Schwester deines Vaters.

Kleine Katharina *(weint.)*

LENE Ach, nun komm, sei nicht traurig. Es wird dir hier gut ... besser gehen. Ich kümmere mich um dich, das verspreche ich dir.

ÄBTISSIN Nun, das wird sich zeigen. Dies sind deine Mitschwestern: Elisabeth von Canitz ...

(Im folgenden reichen die vier Katharina jeweils die Hand, diese ist sehr schüchtern.)

ELSA Elsa.

ÄBTISSIN ... die Schwestern Veronika und Margarete von Zeschau ...

GRETE Grete.

ÄBTISSIN ... und Laneta von Gohlis.

LANETA Sei gegrüßt.

ÄBTISSIN Katharina, wie du weißt, hat dein Vater dich hierher geschickt, um dich auf das Leben als Nonne vorzubereiten?

(Pause.)

Katharina?

LENE Sag "Ja, gnädige Herrin."

KLEINE KATHARINA Ja, gnädige Herrin.

ÄBTISSIN Es ist noch ein weiter Weg, bis du dein Gelübde ablegen wirst. Was bedeutet das Kloster für uns? Elisabeth!

ELSA Das Kloster ist unsere Festung.

ÄBTISSIN Und?

VERONIKA Es gewährt uns Schutz und ...

GRETE ... und Sicherheit vor den Unbilden der Welt.

ÄBTISSIN Als da wären?

Laneta Hunger, Krankheit und die ... die fleischliche ...

Äbtissin ... die fleischliche Versuchung, genau! Katharina, damit das Kloster dich beschützen und du später eine jungfräuliche Braut Christi werden kannst, ist es unerlässlich, dass du alle unsere Regeln befolgst. Katharina?

Kleine Katharina Ja ... Ja, gnädige Herrin.

Äbtissin Wie du sicher gesehen hast, besteht Marienthron aus sehr vielen Gebäuden, denn wir müssen alles selbst erwirtschaften. Wir haben Ställe für die Pferde, Rinder, Schweine und Federvieh, ein Brauhaus, eine Bäckerei, eine Käserei, einen Schlachthof, eine Mühle, Schmieden, Küchen und Keller. Dort arbeiten unsere Handwerker und dort habt ihr Ordensschwestern nichts zu suchen! Das gilt ganz besonders für dich als Schülerin: du darfst dich nur in der Klausur aufhalten. Dazu gehören die Kirche, das Refektorium (der Speisesaal), das Dormitorium (das Schlafhaus mit euren Zellen) und der Konvent, wo wir uns versammeln. Was ist?

Kleine Katharina Ich ... ich habe mich gefragt, ob wir auch mal nach draußen dürfen, in den Wald oder ins Dorf.

Äbtissin *(streng.)*
Ich muss mich sehr wundern, dass du diese Frage gleich an deinem ersten Tag stellst und frage mich, welche Sitten bei euch in Brehna geherrscht haben. Also, in besonderen Angelegenheiten des Klosters, nur mit meiner Erlaubnis und in Begleitung eines Beichtvaters dürfen die älteren Schwestern aus der Klausur heraustreten. Aber glaube mir, es wird

Jahre dauern, bis du dazu gehörst. – Es ist außerdem verboten, irgendwelchen Verkehr mit den Weltlichen von außerhalb zu pflegen. Wenn .. falls du Besuch von Verwandten erhalten solltest, wird dies nur mit meiner Erlaubnis möglich sein, wenn es einen notwendigen Grund dafür gibt und im Beisein einer Seniorin. Gesprochen wird nur durch das Gitterfenster.

KLEINE KATHARINA *(für sich.)*
Mich wird sowieso niemand besuchen.

ÄBTISSIN Jegliche Briefe, die du schreiben oder erhalten solltest, werden von mir kontrolliert. Außerdem verboten ist der Besitz von Tieren. Und natürlich, aber das wirst du bereits kennen, herrscht bei uns "Silentium strictissimum".

KLEINE KATHARINA *(regungslos.)*

ÄBTISSIN Das bedeutet strengstes Stillschweigen, auch bei Tisch. Nur zu den Gebeten und Gesängen ist euch gestattet, den Mund zu öffnen.

KLEINE KATHARINA *(sackt zusammen.)*

LENE *(stützt sie tröstend.)*

(Dunkel.)

- Alltag und Lernen

Geteilte Bühne. Hinten mittig ein Paravent, an dem zu jeder Seite ein Feldbett steht. Linkerhand die Zelle Käthes, rechts Luthers. In jeder Zelle hängt an der kahlen Wand ein Kreuz. In Luthers Zelle steht ein Pult mit einer aufgeschlagenen Bibel und einem Talglicht, davor ein Schemel.

Der folgende Tagesablauf wird mit so wenig Requisiten wie möglich gespielt, damit die ganze Szene wie aus einem Guss erscheint. Eventuell benötigte Schemel stehen am hinteren Bühnenrand und jede Beteiligte bringt sie selbst mit.

Kleine Katharina und Luther, jeweils auf einem Bett, schlafend in ihren Ordensgewändern. Am Bühnenrand vorn, links und rechts: Junge Katharina und Erwachsene Katharina.

Später: die übrigen Nonnen – Elsa, Veronika, Grete und Laneta. Eva und Magdalena. Äbtissin und Lene.

(Eine Handglocke läutet.)

JUNGE KATHARINA Der Tagesablauf wurde durch die Horen bestimmt, die acht täglichen Andachten nach der Regel des heiligen Benedikt.

(Erneutes Glockenzeichen. Kleine Katharina und Luther erheben sich.)

ERWACHSENE KATHARINA Wie geschrieben steht im Psalm 119:

ERWACHSENE KATHARINA, KLEINE KATHARINA UND LUTHER Ich lobe dich des Tags siebenmal und mitten in der Nacht stehe ich auf, dir zu danken.

JUNGE KATHARINA 3 Uhr morgens: Unser Tag beginnt. Vigil, die Nachtwache.

KLEINE KATHARINA UND LUTHER *(knien, betend.)* Herr, öffne meine Lippen, damit mein Mund dein Lob verkünde.

JUNGE KATHARINA 4 Uhr: Laudes, der morgendliche Lobgesang.

(Die übrigen Nonnen erscheinen mit Schemeln, dann die Äbtissin. Alle stehend. Die Bühne öffnet sich, so dass die Nonnen jetzt deutlich mehr Platz einnehmen als Luther, der am rechten Bühnenrand die Gebete gleichzeitig ausführt.)

ÄBTISSIN Gott sei uns zugeneigt und segne uns;

ALLE *(bekreuzigen sich.)*
... mit strahlendem Angesicht schaue er uns freundlich an.

ÄBTISSIN Die Völker sollen dich loben, Gott, sie sollen dich loben, alle Völker!

ALLE Gott segne uns, so dass die ganze Welt Ehrfurcht habe vor ihm.

ERWACHSENE KATHARINA 6 Uhr: die Prim, das Gebet zur ersten Stunde des Tages.

(Alle bekreuzigen sich und knien.)

ÄBTISSIN Gott, sei mir gnädig. Wasch meine Schuld von mir ab und mach mich rein von meiner Sünde!

ALLE Denn ich erkenne meine bösen Taten, meine Sünde steht mir immer vor Augen.

ÄBTISSIN *(steht auf.)*
Nun, welche von euch hat etwas vorzubringen gegen sich selbst oder eine Mitschwester?

MAGDALENA Ich habe gesehen, nein gehört, dass Katharina gestern beim Abendessen wieder geschwatzt hat.

ELSA Aber das stimmt ja gar nicht!

KLEINE KATHARINA Ich habe doch nur ...

ÄBTISSIN Ruhe! Du wagst es, der Schwester Kantorin zu widersprechen? Zur Strafe betest du heute Abend vor der Nachtruhe einen ganzen Rosenkranz!

KLEINE KATHARINA Einen ganzen? Aber das sind fünfmal ...

ÄBTISSIN Fünfmal, je zehn Ave Maria und ein Vater Unser, das musst du mir nicht erzählen! Also?

KLEINE KATHARINA Es ist meine Schuld, ...

ALLE ... meine größte Schuld, ich will mich bessern.

(Alle Nonnen setzen sich auf ihre Schemel. Die Äbtissin hält Unterricht. Luther studiert an seinem Pult.)

ÄBTISSIN Katharina, wie ich höre, hast du schon Lesen und Schreiben gelernt. Auch etwas Rechnen?

KLEINE KATHARINA J-ja.

ÄBTISSIN Wie viel ist zehnmal zehn?

KLEINE KATHARINA Hundert.

ÄBTISSIN Einhundert. Elfmal elf?

KLEINE KATHARINA 121. Und zwölfmal zwölf ist 144!

ÄBTISSIN Nun gut, das kannst du also.
(überlegt.)
Wie steht es mit deinem Latein? Unser Kloster Marienthon ist ja der Gottesmutter geweiht, sag einmal das Ave Maria auf!

KLEINE KATHARINA Ave Maria, gratia pl ...
(stockt.)

ÄBTISSIN ... gratia plena. Veronika, Grete?

VERONIKA Ave Maria, gratia plena, Dominus tecum.

GRETE Benedicta tu in mulieribus ...

ÄBTISSIN Alle!

ALLE ... et benedictus fructus ventris tui, Iesus. Amen.

ÄBTISSIN Es ist gut, Katharina. Du weißt, was du heute Abend zu tun hast.

(Dunkel. Licht.)

JUNGE KATHARINA Es folgten um 9, 12 und 15 Uhr die Terz, Sext und Non, die sogenannten kleinen Tagesgebete – nur unterbrochen durch weiteren Unterricht und das Mittagessen.

(Alle Nonnen in einer Reihe, Luther beiseite, auf Schemeln sitzend. Jeder hat eine Schale und einen Holzlöffel in der Hand.)

KLEINE KATHARINA *(tuschelt mit Elsa.)*

ELSA Wirklich? Das hat sie gesagt?
(lacht lauthals.)

ÄBTISSIN *(umhergehend, streng.)*
Keine Gespräche, kein zügelloses Lachen! Kein Abendessen für dich heute!

ELSA Jawohl, gnädige Herrin.

ÄBTISSIN Und nun wieder an die Arbeit!

(Dunkel.)

ERWACHSENE KATHARINA Arbeit, welche Arbeit? Alle Arbeit erledigten die Weltlichen, die Handwerker und Mägde. Mein ganzes Tagwerk bestand aus Beten, Lesen und Zuhören – beim Unterricht oder bei "erbaulichen Lesungen". Vielleicht mal eine Handarbeit, wie Nähen oder Sticken.

JUNGE KATHARINA *(verächtlich.)* Wir haben Reliquien geputzt! Das Kloster hatte eine riesige Sammlung, alle einzeln verpackt in heiligen Kapseln.

ERWACHSENE KATHARINA Am meisten gefiel mir immer das Singen.

(Licht. Alle Nonnen und Luther stehend.)

JUNGE KATHARINA 18 Uhr: Vesper, das Abendgebet. Psalm 117.

MAGDALENA Lobet den Herrn, alle Heiden!

ALLE Preiset ihn, alle Völker!

MAGDALENA *(stimmt an und dirigiert.)*

(Chorgesang: Laudate omnes gentes.)

(Alle bekreuzigen sich und setzen sich auf die Schemel. Äbtissin stehend.)

ERWACHSENE KATHARINA Nach dem Abendessen: die Komplet, das Gebet zur Nacht.

ÄBTISSIN In mánus túas Dómine comméndo spíritum méum.

ALLE Herr, in deine Hände lege ich mein Leben.

ÄBTISSIN Glória Pátri, et Fílio, et Spíritui Sáncto.

ALLE Ehre sei dem Vater und dem Sohne und dem Heiligen Geiste.

ÄBTISSIN Herr, stell eine Wache vor meinen Mund ...

ALLE ... eine Wehr vor das Tor meiner Lippen.

ÄBTISSIN Gute Nacht, gehabt euch wohl. – Katharina, denke dran, du hast noch eine Aufgabe zu erfüllen.

(Alle Nonnen ab, Katharina und Luther bleiben allein in ihren Zellen zurück.)

JUNGE KATHARINA Vor dem Schlafen blieb noch etwas Zeit für persönliche Meditation.

ERWACHSENE KATHARINA Um Mitternacht wurde zur Mette geweckt und kurz darauf begann alles von vorn. Tagein, tagaus, Jahr um Jahr.

(Beide ab. Kleine Katharina und Luther nehmen ihren Rosenkranz und beten kniend.)

KLEINE KATHARINA UND LUTHER
Gegrüßet seist du, Maria, voll der Gnade,
der Herr ist mit dir.
Du bist gebenedeit unter den Frauen,
und gebenedeit ist die Frucht deines Leibes, Jesus.
(kurze Pause.)
Ehre sei dem Vater ...
(Käthe verstummt weinend.)

LUTHER ... und dem Sohne und dem Heiligen Geiste.
Wie es war im Anfang, so auch jetzt und allezeit und in Ewigkeit. Amen.
(legt sich in der Kutte zum Schlafen aufs Bett.)

KLEINE KATHARINA *(erleidet einen Weinkrampf.)*

LENE *(betritt ihre Zelle.)*
Katharina, Käthchen. ... Zweifelst du?

KLEINE KATHARINA Ich ... ich weiß nicht.

LENE Wenn du es nicht weißt, so zweifelst du!

KLEINE KATHARINA Es ist nur, Tante, ich frage mich ...

LENE Ob es draußen noch etwas anderes gibt, etwas Besseres ... ein Leben?

KLEINE KATHARINA Ja, und ich vermisse meinen Vater.

LENE *(nimmt sie tröstend in den Arm.)*
Das kennen wir, das kennen wir alle. – Kopf hoch, Käthchen. Morgen ist dein großer Tag.

(Halbdunkel.)

LUTHER *(schnarcht.)*

(Stille.)

LUTHER *(wälzt sich stöhnend hin und her. Steht auf, ergreift den Kerzenhalter, studiert die Bibel. Murmelt vor sich hin.)*
Das ist es, das ist es! – Hier, Römer 1, Vers 17: "Denn im Evangelium wird offenbart die Gerechtigkeit Gottes, welche aus dem Glauben kommt und zum Glauben führt. Wie es in der Schrift heißt: Der Gerechte wird aus dem Glauben leben."
(Auf- und abgehend.)
Der Gerechte wird aus dem Glauben leben. Das bedeutet doch: Gott ist gerecht. Du bist kein strafender, rachsüchtiger Gott. Du bist ein gnädiger Gott! – Sola gratia, allein aus Gnade, erhalten wir das ewige Leben, et sola fide, allein aus unserem Glauben, gelangen wir zu dir! Es braucht keine Gegenleistung ... keine Gegenleistung!
(Löscht die Kerze. Legt sich wieder hin.)

(Dunkel, alle ab.)

(Die Betten werden entfernt.)

- Einkleidung zur Nonne

Kirchenraum im Kloster Nimbschen.

Äbtissin. Alle Nonnen im Halbkreis. Ave und Margarete von Schönfeld. Dann: Kleine Katharina. Später: Junge Katharina.

ÄBTISSIN Wir haben uns heute zusammengefunden, um die Einkleidung unserer Katharina zu begehen. Seit mehr als fünf Jahren bist du bei uns, du stehst im 16. Lebensjahr. Deine Zeit als Novizin ist heute vorbei. Hier wohnen 42 Ordensschwestern, und du sollst nun die 43. werden.

(Sie winkt zwei Nonnen heran, die ein weißes Gewand bringen. Zwei andere kommen mit einer Schere und einer Schüssel.)

ÄBTISSIN So schlage ich euch, ihr Ordensfrauen von Marienthron, die Schwester Katharina zur Profess vor. Werdet ihr sie annehmen?

ALLE ANDEREN Wir nehmen sie an.

ÄBTISSIN Knie nieder.

KLEINE KATHARINA *(kniet.)*

ÄBTISSIN Du Braut Christi, wir stellen dein Seelenheil unter göttliche Herrschaft. Leg dein bisheriges, sündhaftes Leben ab. Schneidet!

ELSA UND LANETA *(schneiden Katharina beide Zöpfe ab und legen sie in die Schüssel.)*

ÄBTISSIN *(besprengt das weiße Gewand mit Weihwasser.)* Gott ziehe dir den alten Menschen mit all seinen Werken aus.

Veronika und Grete *(ziehen Käthe das graue Gewand aus.)*

Äbtissin Gott ziehe dir den neuen Menschen an, der nach Gott geschaffen ist in Gerechtigkeit und wahrer Heiligkeit.
(zieht ihr das weiße Gewand an.)

Veronika und Grete *(legen Käthe das weiße Kopftuch an.)*

Äbtissin So leg dein Gelübde ab vor Gott und deinen Schwestern. Du musst der Welt und dem Eigentum entsagen und den Gehorsam, die Keuschheit und die geistliche Armut versprechen – ferner das gemeinsame Leben nach den Regeln der Zisterzienser.

Kleine Katharina Ich, Schwester Katharina, übergebe mich der Kirche und der heiligen Gottesmutter, Patronin zu Nimbschen. Ich gelobe Armut, vollkommene Keuschheit und Gehorsam in Christus gemäß dem Evangelium und der Regel des heiligen Benedikt gegenüber der Mutter Äbtissin.

Äbtissin Falle nieder in Demut!

(Die Kleine Katharina legt sich flach auf den Boden. Die übrigen Nonnen knien betend. Dunkel.)

Äbtissin Der Herr segne deinen Eintritt und geleite dich bis in den Tod. – Erhebe dich im Namen des Herrn!

(Licht. Anstelle der kleinen Katharina liegt die Junge Katharina im gleichen Gewand. Die anderen heben sie auf und nehmen sie mit einem Kuss in die Gemeinschaft auf.)

ÄBTISSIN Schwester Katharina, empfange den Heiland im Kruzifix als Bräutigam.
(legt ihr ein Holzkreuz in die Hände.)

(Gesang zum Auszug: Magnificat.)

(Alle ab. Licht aus.)

Szene I.3

Vor der Bühne: Wittenberg, am Eingangstor zur Schlosskirche.
Luther allein. Später: Wittenberger Bürger.

- Luthers Thesenanschlag

LUTHER *(schlägt mit Hammer und Nägeln eine Rolle an die hölzerne Kirchentür.)*

(Währenddessen läutet die Glocke zwölfmal.)

LUTHER *(hat sein Werk beendet und geht seelenruhig von dannen.)*

(Mehrere Wittenberger auf dem Weg zur Kirche, grüßen im Vorbeigehen.)

BÜRGER 1 Gott zum Gruße, Herr Doktor Luther.

LUTHER Gott zum Gruß!
(Ab.)

(Die Bürger bleiben vor der Tür stehen.)

BÜRGER 2 Wer hat denn da wieder etwas angeschlagen?

BÜRGER 3 Hier steht: "95 Thesen des Theologen Dr. Martin Luther."

BÜRGER 4 Ach, der Herr Doktor.

BÜRGER 1 *(liest.)*
"Aus Liebe und rechtem Fleiß, die Wahrheit an den Tag zu bringen, soll unter dem Vorsitz des Ehrwürdigen Vaters Martin Luther, der freien Künste und heiligen Theologie Magister, zu Wittenberg über folgende Sätze disputiert werden."

BÜRGER 2 Hier steht: "Es irren die Ablassprediger, die da sagen, dass durch des Papstes Ablass der Mensch von aller Strafe los und selig werde."

BÜRGER 3 Und hier: "Die predigen Menschentand, die da vorgeben, sobald der Groschen im Kasten klinge, fährt die Seele von Stund an aus dem Fegefeuer."

BÜRGER 4 Und weiter: "Die werden samt ihren Meistern in die ewige Verdammnis fahren, die da meinen, durch Ablassbriefe ihrer Seligkeit gewiß zu sein."

BÜRGER 1 Was? Das ist ja unerhört! Er greift den Papst an, das ist Blasphemie!

BÜRGER 5 Wer wagt es! Wo ist er, wo ist er hin? Ein gemeiner, ein hinterhältiger Anschlag!

BÜRGER 2 Aber ... der Name steht ja darunter! Doktor Martinus Luther, Allerheiligen 1517!

(Die Bürger betreten diskutierend die Kirche. Dunkel.)

- Berichte von Luther

Krankenzimmer im Kloster Nimbschen. Zwei Feldbetten. Ein Pult mit verschiedenen Gefäßen, Kräutern, Tränken.

Lene, die Siechenmeisterin. Elsa, Veronika und Grete. Marga und Ave. Laneta und Eva.

(Sie stehen dicht gedrängt und lesen gemeinsam aus Abschriften der Thesen.)

ELSA Aber ... der Name steht ja darunter! Doktor Martinus Luther, Allerheiligen 1517!

VERONIKA Das heißt ja, jedermann weiß, wer diese Thesen geschrieben hat.

GRETE Dieser Doktor muss wahrhaft lebensmüde sein!

AVE Oder todesmutig.

MARGA Was schreibt er denn weiter?

LENE Er schreibt: "ein jeder Christ, der wahre Reue hat über seine Sünden, der hat völlige Vergebung von Strafe und Schuld, auch ohne Ablassbrief. Als Gottes Geschenk!"

EVA Er sagt, dass des Papstes Ablass nicht die allerkleinste Sünde hinwegnehmen könnte.

MARGA Und dass alle Bischöfe, Seelsorger und Theologen dafür einst werden Rechenschaft ablegen müssen.

VERONIKA UND GRETE *(bestürzt, bekreuzigen sich.)*

AVE Und schließlich: "Warum baut jetzt der Papst nicht lieber den Petersdom von seinem eigenen Gelde als von dem der armen Christen?"

LANETA UND EVA O mein Gott!

LENE Das hat noch keiner gewagt! Aber sagt, Marga und Ave, wie seid ihr an diese Schrift gekommen?

(Die beiden zeigen mehrere große dunkle Flaschen vor.)

MARGA Der Fuhrknecht drückte uns diese Flaschen in die Hand. Er war sehr eilig und sagte, er wolle nichts mit diesem Teufelszeug zu tun haben.

AVE Dies sei für Euch bestimmt, für das Siechenzimmer. Doch uns fiel auf, dass die eine Flasche viel zu leicht war. Sie enthielt nur diese Schriftrollen!

LENE Der gute Fuhrknecht. Das hätte auch schiefgehen können, gut dass ihr sofort zu mir gekommen seid.
(Zu den anderen.)
Wir müssen vorsichtiger werden!

VERONIKA Unser Bruder Wolfgang kommt bald zu Besuch, er ist Prior im Augustinerkloster in Grimma.

GRETE Wir werden ihn fragen, wie er zu diesem Doktor Luther steht.

EVA Aber die Äbtissin, sie wird euch streng bewachen?

LENE Sie kann nicht immer überall sein, Eva ... vielleicht gibt es einen dringenden Zwischenfall im Krankenzimmer?

VERONIKA Wir finden einen Weg!

(Dunkel. Licht.)

Grete und Veronika mit Schriftstücken. Die anderen Nonnen stehen ringsum.

Dann: Junge Katharina, nun auch im schwarz-weißen Gewand. Später: Magdalena.

GRETE Hier, hier steht es doch: "Ein Christenmensch ist ein freier Herr über alle Dinge und niemand untertan."

LENE *(grübelnd, liest.)*
"Von der Freiheit eines Christenmenschen", hm.

VERONIKA Diese Schrift hat uns mein Bruder heimlich zugesteckt. Und er wusste einiges zu berichten: Martin Luther sollte seine Thesen vor dem päpstlichen Gesandten widerrufen, doch er hat sich geweigert.

GRETE Und unser Landesherr, Kurfürst Friedrich hat ihn beschützt, er hat ihn nicht nach Rom überstellt.

VERONIKA *(ihre Stimmen überschlagen sich beim Erzählen der Neuigkeiten.)*
Daraufhin hat der Papst eine Bannandrohung gegen Luther erlassen!

GRETE Und was hat der Doktor gemacht? Er hat die Bulle öffentlich in Wittenberg verbrannt!

ELSA, LANETA, EVA Nein!

VERONIKA Er hat sogar an den neuen Kaiser, Karl V. geschrieben und den gesamten "christlichen Adel deutscher Nation": dass sie von den Päpsten mit Füßen ...

GRETE ... mit Füßen getreten worden seien und nicht länger stillhalten und schweigen sollten!

JUNGE KATHARINA *(mit einem Bündel weißer Tücher, bleibt still an der Tür.)*

LENE *(liest.)* Und weiter: "Also hilft es der Seele nichts, ob der Leib heilige Kleider anlegt, wie es die Priester und Geistlichen tun."

ELSA "Das ist das einzige göttliche Werk, dass ihr glaubt an den, den Gott gesandt hat."

LANETA "Glaubst du, so hast du – glaubst du nicht, so hast du nicht."

MARGA Aber das bedeutet ja ... wenn es nicht auf das Amt, unseren Stand als Nonne, auch nicht auf das Beten ankommt ...

AVE ... warum dann überhaupt im Kloster sitzen?

ELSA *(überrascht.)*
Katharina, wie lange stehst du schon da?

JUNGE KATHARINA Lange genug. Tante, hier ist das Verbandszeug, das ich dir holen sollte.
(Pause.)
Mir ... mir geht es genauso wie euch. Unser Leben ist jahraus jahrein dasselbe, vorgezeichnet von der Weihe bis zum Tod. Vielleicht ein bisschen gärtnern, Heiltränke brauen und Abrechnungen machen, das kann doch nicht alles sein?

ELSA Aber Käthe, das darfst du nicht mal denken!

JUNGE KATHARINA Ich lasse mir das Denken nicht verbieten. Tante, ich bin 21 Jahre alt. Ich kann nicht ewig hier bleiben, in einem Orden, in den ich nie eintreten wollte. In diesem Gefängnis aus Regeln und Schweigen!

LENE *(schweigt.)*

JUNGE KATHARINA Ave, ihr Schwestern, ihr habt wenigstens noch einander.

AVE Aber das geht mir auch ...

MARGA ... mir ja auch so! Beten, Lesen, Beten, Schlafen – das ist doch kein Leben!

Ave Marga ist sehr geschwächt durch den ewigen Schlafmangel und die kargen Mahlzeiten.

Veronika Mahlzeiten? Es gibt ja nicht mal ein Frühstück, dabei stehen wir mitten in der Nacht auf!

Grete Und während der Fastenzeit bekommen wir wochenlang nichts zu beißen!

Magdalena *(steht plötzlich in der Tür.)* Was macht ihr für einen Lärm?

Laneta Die Kantorin!

Magdalena Wenn ihr Dinge zu besprechen habt, die nicht für jedermanns Ohren sind, so müsst ihr leiser sein.

Eva Schwester Kantorin, Ihr werdet doch der Äbtissin nichts sagen?

Magdalena Ich werde nichts sagen. Ich möchte ... mittun.

Junge Katharina *(skeptisch.)* Mittun? Wobei?

Magdalena Katharina, ich weiß, du fühltest dich ungerecht behandelt, als ich dich damals bei der Äbtissin anschwärzte. Das ist so üblich bei unseren Frischlingen, ich dachte es müsste sein. Aber mittlerweile sehe ich, dass ich Unrecht getan habe. – Ich bin seit 20 Jahren hier in Nimbschen und ich möchte nur noch weg. Lasst mich euch helfen.

Elsa Aber wie wollt ihr uns helfen?

Magdalena Morgen ist Markttag in Grimma, und die Äbtissin nimmt immer eine der älteren Schwestern mit in die Stadt. Nun bin ich an der Reihe und es ergibt sich bestimmt eine Möglichkeit,

Neuigkeiten über diesen Augustinermönch zu erfahren.

(Dunkel.)

(Licht.)

Magdalena mit einem Kürbis. Die anderen Nonnen stehen ringsum.

MAGDALENA Haltet mal!

(Sie drückt den Kürbis zwei anderen in die Hände und zieht eine Schriftrolle oben heraus.)

Dies habe ich bei einem der Marktschreier genommen, als die Äbtissin gerade nicht hinsah. Man nennt es "Flugblatt".

VERONIKA So sieht er also aus?

(Einblendung: "Martin Luther als Augustinermönch" von Lucas Cranach.)

MAGDALENA Ja, dies ist das Konterfei von Doktor Martin Luther.

(Die Nonnen geben die Seite langsam, wie einen Schatz, von Hand zu Hand.)

AVE Nun erzähl schon, was hat es gegeben?

MAGDALENA Martin Luther wurde zum Reichstag zitiert nach Worms. Er soll auf dem Weg sogar an unserem Kloster vorbeigekommen sein! Es war eine Triumphfahrt durch halb Deutschland. Überall wurde er mehr bejubelt als der Kaiser und die Fürsten, die ihn in Worms erwarteten.

GRETE Und was passierte dort?

MAGDALENA Doktor Luther sollte seine sämtlichen Schriften widerrufen, in denen er den Papst angegriffen hatte. Doch er erwiderte, man solle ihm

Beweise für einen Irrtum vorlegen. Widerrufen könne er nicht, weil es gegen sein Gewissen sei. – Er erhielt zunächst freies Geleit für drei Wochen, dann erklärte Kaiser Karl V. ihn für vogelfrei und verhängte die Reichsacht.

ELSA Was bedeutet das?

LENE Das bedeutet, dass jedermann ihn ausliefern oder sogar totschlagen kann und dafür eine Belohnung erhält.

ALLE ANDEREN O Gott!

MAGDALENA Kurz darauf ist Luther verschwunden. Entführt, sagen die einen – womöglich tot, sagen die anderen.

(Schweigen. Dunkel.)

(Licht.)

Lene. Die anderen Nonnen ringsum.

LENE Luther ist nicht tot! Unser Beichtvater hat es mir erzählt. Er hielt sich nur versteckt, auf der Wartburg oberhalb von Eisenach. Und er hat dort die Bibel übersetzt, das ganze Neue Testament!

MARGA Das bedeutet, wir können die Bibel bald auf Deutsch lesen?

MAGDALENA Das wird niemals geschehen, wenn wir hier nicht herauskommen!

VERONIKA Das stimmt, wir können wohl mal ein paar Seiten hier einschmuggeln, aber so ein großes Werk eines Geächteten wird uns niemand freiwillig ins Kloster bringen. Wir müssen ...

AVE ... wir müssen hier raus!

LENE Ich habe schon darüber nachgedacht. Diejenigen unter euch, die noch Verwandte haben, sollen einen Brief nach Hause schreiben, in dem ihr um Entlassung nach Hause bittet. Ich bin sicher, das wird nicht ohne Folgen bleiben.

(Sie holt Papier und Federn aus ihrem Pult und verteilt sie. Die Nonnen schreiben.)

JUNGE KATHARINA *(steht traurig abseits.)*

LENE *(nimmt sie tröstend in den Arm.)*

(Dunkel.)

(Licht.)

Elsa, Veronika und Grete, Eva mit je einem Brief. Die anderen Nonnen ringsum.

ELSA *(liest, enttäuscht.)*
"... scheuen wir jedoch das Exempel, das daraus entstehen könnte ..."

VERONIKA "... eine Ordensfrau aus dem ihr angestammten Platz zu entreißen ..."

EVA "... wie du weißt, bemüht der Onkel sich um eine Stellung bei Hofe, und dein Ersuchen brächte uns in große Verlegenheit ..."

LANETA "... wohl wissend, dass du für die grausame Welt hier draußen nicht gemacht bist."

GRETE Nichts!

AVE Nichts als Ausreden.

MARGA Nicht einer der Verwandten will uns helfen!

MAGDALENA Dann gibt es nur noch eins ... wir schreiben an Luther selbst.

LENE An den Doktor? Aber wie ...

Junge Katharina Tante, du hast doch selbst gesagt, unser Weinhändler kennt ihn.

Lene Der Herr Koppe? Ja, da hast du recht.

(Dunkel. Alle ab.)

- Weinhändler Koppe

Lene. Koppe auf dem Feldbett. Junge Katharina.

Junge Katharina *(tritt ein mit einer Schüssel Suppe.)*
Hier Tante, ich bringe die Suppe ... Aah!
(wirft die Suppe weg.)
Viel zu gefährlich! Hier dürfen doch keine Männer rein ...?!

Lene Doch, es gibt zwei Ausnahmen: Lieferanten und Verletzte. Und auf Herrn Koppe aus Torgau trifft beides zu: Er ist unser Herings- und Weinhändler UND er hat sich auf der Treppe *böse* den Knöchel verstaucht. Tut's noch weh, mein guter Köppe?

(Lene klopft ihm auf den Knöchel.)

Koppe *(Keine Reaktion. Dann sieht er Lene an und begreift.)*
Ach so, ja. Aua, aua.

Junge Katharina Ihr kennt Martin Luther?

Koppe Allerdings, ich darf mich sogar rühmen, sein Freund zu sein.

Lene Herr Koppe wird unseren Brief an Doktor Luther mitnehmen und für die heimliche Zustellung sorgen.

Junge Katharina Und, wird er ihn lesen? Wird er antworten?

Koppe Dass er ihn lesen wird, dafür verbürge ich mich. Was steht denn drin?
(liest.)
"An den hochgelehrten Dr. Martinus Luther zu Wittenberg." Ein Klagebrief?

Lene Wir, ein paar unwürdige Nonnen, bitten den großen Doktor Luther um seine Unterstützung.

Koppe Hört, die Welt da draußen ist in Aufruhr! Alles ist möglich. Vielleicht findet er einen Weg.

Junge Katharina Und bis es soweit ist, werden wir jeden Tag für Euch beten ... und für uns.

Lene Ich geleite Euch nach draußen. Und vergesst nicht zu jammern!

Koppe Au ... ja, ja.
(Lene mit Koppe ab.)

- Luthers Antwort

Käthes Zelle mit Feldbett wie zuvor. Rechts Luthers Zelle mit Feldbett. Halbdunkel, Talglichter.

Alle neun Nonnen in weißen Nachthemden. Luther mit Feder, Papier und Tinte. Lene. Später: Abtissin.

(Alle neun Nonnen stehen tuschelnd in Käthes Zelle.)

Lene *(kommt vorsichtig herein, einen Brief in der Hand.)*
Er hat tatsächlich geantwortet!

ALLE ANDEREN Ja!

LENE Leise, leise, die Äbtissin kontrolliert schon die Nachtruhe!

MAGDALENA *(leiser.)*
Unsere Gebete wurden erhört.

JUNGE KATHARINA Ich stehe Schmiere.
(stellt sich lauschend an die Tür.)

AVE Was steht drin?

(Im Folgenden: Schreiben und Lesen abwechselnd. Mitunter kommentieren die Nonnen einzelne Sätze mit Ahs und Ohs, so dass Lene sie immer wieder beruhigen muss.)

LUTHER *(schreibt.)*
Dem klugen und weisen Leonhard Koppe, Bürger zu Torgau ...

MARGA *(liest.)*
"... meinem besonderen Freunde, Gnade und Frieden."

LUTHER Ursache und Antwort, dass Jungfrauen ...

VERONIKA "... dass Jungfrauen Klöster göttlich verlassen dürfen!"

JUNGE KATHARINA Pscht ...!

(Klopfen. Käthe legt sich blitzschnell aufs Bett. Alle anderen verstecken sich dahinter – da der Platz nicht ausreicht, auch hinter dem Paravent auf Luthers Seite. Lichter aus.)

ÄBTISSIN *(schaut von der Tür aus in die Zelle.)*
Hm.
(Ab.)

JUNGE KATHARINA *(zurück an die Tür.)* Weiter, weiter!

ELSA "Wollte Gott, ich könnte alle gefangenen Gewissen erretten und alle Klöster leer machen!"

LUTHER Es ist eine große Not, dass man junge Mädchen ...

LANETA "... in die Klöster stößt, sie dahin gehen lässt, wo selten oder nimmermehr das Evangelium einmal recht gehört wird."

LENE "Was meinst du aber, wie viele Nonnen in den Klöstern sind, die fröhlich ihren Gottesdienst tun und ihren Orden auf sich nehmen?"

LUTHER UND LENE "Sicher unter tausend kaum eine."

AVE Und hier: Er nennt auch unsere Namen! "Es sind nämlich diese: ..."

JUNGE KATHARINA Achtung!

(Wie zuvor, Käthe aufs Bett, alle anderen verstecken sich, Kerzen aus.)

ÄBTISSIN Was war das für ein Laut?
(Ab.)

JUNGE KATHARINA Aber in Luthers Brief sind nur neun Namen aufgeführt. Kommst du nicht mit uns, Tante?

LENE Mein Platz ist hier, Käthchen. Wer weiß, vielleicht in ein paar Jahren ... sehen wir uns wieder?

MARGA Steht noch mehr in dem Brief?

MAGDALENA Nur noch der Schluss:

Luther Wittenberg, in der Osterwoche, Anno 1523 ...

Magdalena "... Martinus Luther."

Luther *(legt sich hin.)*

Veronika Aber wie sollen wir fliehen?

Grete Wer wird uns abholen?

Lene Herr Koppe wird einen Wagen ans Tor schicken, schon morgen Abend!

Elsa In der Osternacht?

Lene Ja, zu Beginn der Ostermette.

Laneta Vielleicht gar nicht so dumm – das bedeutet auch weniger Wachsamkeit am Tor.

Lene Also ...

Eva Eins noch ... was passiert eigentlich mit uns, wenn wir erwischt werden?

Magdalena Frag nicht, was mit uns passiert, frag lieber was mit Herrn Koppe passiert! In Dresden soll ein Mann geköpft worden sein, der Nonnen zur Flucht verhalf.

Lene Das ist wahr. Er riskiert viel, sehr viel, dieser tapfere Kaufmann. – Jetzt aber raus mit uns. Und haltet euch bereit!

Junge Katharina Nein, hier lang, ich glaube die Äbtissin kommt wieder.

(Sie schiebt alle nach rechts hinaus, so dass sie durch Luthers Zelle die Bühne verlassen.)

Junge Katharina *(legt sich hin. Lacht laut im Schlaf.)*

ÄBTISSIN *(zur Tür hinein, schaut diesmal gründlicher, auch unter das Bett.)*

LUTHER *(schnarcht.)*

JUNGE KATHARINA *(schnarcht.)*

ÄBTISSIN *(überlegt.)*
Ich habe mich wohl getäuscht. Da ist nichts. *(Ab.)*

(Dunkel.)

- Flucht aus dem Kloster

Draußen am Klostertor. Hinten einige Fässer.

Vorn: zwei Torwächter. Rechts und links: Kleine und Erwachsene Katharina. Hinten seitlich erscheinen die neun Nonnen.

AVE Die Wachen sind schon da. Der Torsteher Thalheim und sein Kollege!

MARGA Wie sollen wir da bloß vorbeikommen? Die Kutsche wird schon warten!

WACHE 1 Warum bewachen wir eigentlich das Kloster? Wer sollte da schon einbrechen? ... Da ist eh nix zu holen. Obwohl, wer weiß ... ein paar Jungfrauenherzen.

WACHE 2 Hahaha. Aber vielleicht möchte jemand ausbrechen?

ERWACHSENE KATHARINA So fliehen wir also, in der Nacht auf Ostersonntag im Jahre 1523. Im Nachhinein weiß niemand mehr zu sagen, wie genau die Flucht gelang ...

KLEINE KATHARINA ... womöglich mit ein wenig übersinnlicher Hilfe?

(nimmt ein Kieselsteinchen auf und wirft es vor die Bühne.)

WACHE 1 Still, da war doch was?
(steigt herab in den Zuschauerraum, suchend.)

(Die ersten sechs Nonnen huschen über die Bühne nach draußen. Die drei anderen verstecken sich in den Fässern.)

WACHE 1 Nichts.

WACHE 2 Aber jetzt habe ich was gehört, da hinten bei den Fässern!

KOPPE Heda, hallo! Heda, sag ich!

WACHE 1 Hier, Mensch!

WACHE 2 Koppe, seid Ihr das? Was treibt Euch hierher in der Osternacht?

KOPPE Ich bin auf dem Weg zurück nach Torgau und möchte die leeren Heringsfässer mitnehmen. Helft ihr mir bitte beim Aufladen?

WACHE 1 Hrrmmm...

KOPPE Seid gewiss, beim nächsten Mal ist eine Extraflasche Roter für euch dabei!

WACHE 2 Na, das ist doch ein Wort!

KOPPE Der Wagen steht dort drüben!

(Sie rollen die Fässer zu dritt von der Bühne.)

WACHE 1 So, das wäre geschafft.

WACHE 2 Sie sind auf dem Weg.

(Einspieler: Pferdewagen als Geräusch oder Video.)

Akt II

Szene 1

Leere Bühne.
Die drei Katharinas. Später: Alle flüchtigen Nonnen.

KLEINE KATHARINA Man muss sich das mal vorstellen!

JUNGE KATHARINA Ein von Papst und Kaiser geächteter Mönch verhilft neun Nonnen zur Flucht.

ERWACHSENE KATHARINA Beihilfe zur Flucht aus dem Kloster, darauf stand die Todesstrafe!

KLEINE KATHARINA Und wir?

JUNGE KATHARINA Gefallene Bräute Christi. – Wir ... ich hatte normalerweise vom Leben nichts mehr zu erwarten. Wir konnten nicht nach Hause, unsere Familien wollten uns nicht, teils aus wirtschaftlicher Not, teils aus Angst vor den Repressalien der allmächtigen Kirche.

ERWACHSENE KATHARINA Ich war 24. Mehr als die Hälfte meines Lebens, vierzehn Jahre hatte ich hinter den Mauern von Marienthron verbracht. Und nun besaß ich nichts weiter als das Nonnengewand, dass ich am Leib trug.

KLEINE KATHARINA Nach drei Stunden rasender Fahrt auf Koppes Kutsche erreichten wir Torgau.

Diese Stadt gehörte schon zum Gebiet von Friedrich dem Weisen, dem Schutzherrn Luthers.

JUNGE KATHARINA Trotzdem konnten wir dort nicht bleiben. Wir waren noch zu nah am Kloster, und die Äbtissin hätte uns jederzeit zurückholen lassen können.

ERWACHSENE KATHARINA Tatsächlich beschwerte sie sich wenig später beim Kurfürsten.

KLEINE KATHARINA Doch Friedrich der Weise antwortete, ganz weise:

JUNGE KATHARINA *(holt einen Brief hervor, liest.)* "Nachdem wir nicht wissen, wie es um die Sache der Klosterjungfrauen bestellt ist, so lassen wir es bei ihrer selbst Verantwortung bleiben."

ERWACHSENE KATHARINA Dennoch, in Sicherheit befanden wir uns noch lange nicht: Wir waren Flüchtlinge ... ohne Möglichkeit zurückzugehen und ohne eine Vorstellung von der Zukunft – oder ob es überhaupt eine Zukunft gab.

KLEINE KATHARINA Luther wusste das. Er kümmerte sich um uns.

JUNGE KATHARINA Allein Luthers Worte hatten uns aus dem Kloster geholt, seine Schriften – auf dunklen Wegen geschmuggelt – hatten uns die Freiheit gebracht. Und seine Erkenntnis, dass die Gnade Gottes ein Geschenk ist, war unsere Erkenntnis geworden.

ERWACHSENE KATHARINA Luther hatte die Welt verändert, ohne es zu wollen – und ohne es zu ahnen.

KLEINE KATHARINA Er hatte das ausgelöst, was man später Reformation nennen sollte.

JUNGE KATHARINA Sein Thesenanschlag war ein Anschlag im wahrsten Sinne des Wortes. Ein Anschlag auf die Selbstzufriedenheit und Korruptheit der herrschenden Kirche.

ERWACHSENE KATHARINA Seine deutsche Übersetzung des Neuen Testaments wurde tausendfach verkauft und schuf die Grundlage für das Hochdeutsch, wie wir es heute kennen.

KLEINE KATHARINA Aus vielen Klöstern traten die Mönche und Nonnen aus.

JUNGE KATHARINA Im Frühjahr 1521 heiratete der erste Priester.

ERWACHSENE KATHARINA Am Weihnachtsabend 1521 wurde in Wittenberg der erste evangelische Gottesdienst in deutscher Sprache gehalten.

KLEINE KATHARINA Wittenberg, eine Stadt von 2000 Einwohnern, wurde damit zur Hauptstadt der Reformation und St. Marien, wo Luther regelmäßig predigte, zu ihrer Mutterkirche.

JUNGE KATHARINA Und hierher, in dieses Wittenberg, zu sich holte uns nun Luther.

ERWACHSENE KATHARINA Er schrieb an unsere Verwandten, veranstaltete eine Kollekte und versuchte uns bei ehrbaren Leuten unterzubringen.

(Alle Nonnen betreten die Bühne. Sobald ihr Name genannt wurde, tritt die jeweilige Nonne wieder ab.)

KLEINE KATHARINA Magdalena von Staupitz heiratete in Grimma und leitete dort die erste Mädchenschule.

Junge Katharina Elsa von Canitz kam bei Verwandten unter und wurde später Lehrerin.

Erwachsene Katharina Veronika und Grete von Zeschau durften zurück auf das väterliche Gut.

Kleine Katharina Laneta von Gohlis wurde Pfarrfrau in der Nähe von Leipzig.

Junge Katharina Eva Große kam zunächst zu ihren Verwandten und heiratete später.

(Junge Katharina und die beiden Schönfelds bleiben mittig stehen.)

Erwachsene Katharina So blieben nur wir drei übrig:

Junge Katharina Marga und Ave von Schönfeld konnten nicht in ihr Elternhaus zurück, da es im Gebiet der Reformationsgegner lag.

Marga Und Käthe hatte von ihren Brüdern keine Unterstützung zu erwarten.

Ave Also kamen wir nach Wittenberg, in das Haus des Hofmalers Lucas Cranach und seiner Frau Barbara.

Junge Katharina Und hier trafen wir zum ersten Mal auf Martin Luther. Endlich sollten wir ihn persönlich kennenlernen ...

(Dunkel.)

Szene II.2

Bei Cranachs.

Barbara, Cranach und Luther, nun im schwarzen Gelehrten-Talar. Später Junge Katharina, Ave und Marga.

(Cranach und Barbara begrüßen Luther, der gerade eintritt.)

- Erste Begegnung

CRANACH Barbara, nun da Martin eingetroffen ist, hol uns doch die drei.

BARBARA Das mache ich. Ihr werdet sie kaum wiedererkennen.
(Ab.)

CRANACH Mein lieber Martin, du wirst sehen, sie sind ausgesprochen artig und gut geraten. Und hübsch anzusehen, nachdem Barbara sie neu ausstaffiert hat. Gleichwohl, sie werden noch lernen müssen, den Kopf zu heben, wenn ein Mann sie anspricht.

LUTHER Nun Lucas, das mag ein wenig dauern.

CRANACH Allerdings, mein lieber Doktor, es wäre mir recht, wenn wir eine Abmachung treffen könnten, die beiden Schwestern und Katharina möglichst bald auch noch zu verheiraten. Du weißt, es wird sonst Gerede geben in Wittenberg – drei entlaufene Nonnen, ledige adlige Fräulein und dazu die ganzen Handwerksgesellen, hier in meinem Haus ...

LUTHER Nebenbei das größte in Wittenberg, mit einhundert Zimmern!

CRANACH Ja, aber nur 84 sind beheizt!

LUTHER Ich werde sehen, was ich tun kann, mein lieber Lucas.

(Die vier Frauen treten ein.)

CRANACH Martin, das sind die Edelfräulein: Die Schwestern Margarete, genannt Marga und Ave von Schönfeld – und Katharina von Bora.

LUTHER Gott zum Gruße und willkommen in Wittenberg!

MARGA, AVE, KÄTHE *(demütig, grüßen und knicksen.)*
Vielen Dank.

CRANACH Seid gegrüßt, meine Lieben. Nun seht ihr ihn endlich vor euch, den Doktor Martinus Luther, Prediger zu Wittenberg und Professor für Theologie an unserer schönen neuen Universitas. Außerdem ist er natürlich der berühmteste ehemalige Mönch Deutschlands, ja der berühmteste Deutsche überhaupt, den ich hier in meinem bescheidenen Heim begrüßen darf.

LUTHER Mein lieber Lucas, man stellt sein Licht nicht unter einen Scheffel, sondern auf einen Leuchter, dass es allen leuchte! In Wirklichkeit, meine lieben Fräulein, ist Lucas unser größter Maler. Man sagt, Dürer in Nürnberg sei ebenso gut und ein paar Pfuscher auf des Papstes Jahrmarkt, in Rom – aber das glaube ich nicht. Lucas ist gewiss der Pfiffigste von allen, nicht nur Hofmaler unseres Kurfürsten und Inhaber einer ganzen Malerwerkstatt. Neuerdings betreibt er auch eine Druckerei, hat die Flugschrift erfunden und ist der einzige, der Bildnisse von mir verbreiten darf.

(Einblendung: Cranachs frühe Darstellung Luthers als Mönch.)

CRANACH ... und wenn ihr wollt, meine Fräulein, auch von euch!

LUTHER Dazu ist er Apotheker, Weinhändler und somit reichster Mann in unserer Stadt.

CRANACH Aber Ihr seid der Verfasser der 95 Thesen und der ersten brauchbaren deutschen Bibel, somit noch berühmter als der Kaiser!

LUTHER Genug der Lobhudelei. Meister Cranach hat mir zugesagt, dass Ihr zunächst hier wohnen könnt, in einem der ... einhundert Zimmer?

CRANACH Nein, das ist nicht wahr, es sind 98.

BARBARA Und davon nur 84 beheizt!

LUTHER Begebt Euch getrost in Barbaras Obhut, Ihr könntet ihr ein wenig zur Hand gehen.

BARBARA Ich hörte, ihr seid gut im Rechnen und kennt euch aus mit Heilkräutern?

MARGA Ja, Käthe ist die Beste in der Mathematik!

CRANACH Nun gut, das wird uns sehr nützen, vor allem in der Apotheke können wir jede Hilfe gebrauchen.

LUTHER *(mit Bedeutung.)*
Und dann ... werden wir sehen, was wir noch für Euch tun können.
(zu Ave.)
Mein edles Fräulein, habt Ihr noch einen Wunsch oder eine Frage?

AVE Verzeiht, ich musste nur gerade denken ...

LUTHER Ja ...?

AVE *(voll Bewunderung.)* So seht Ihr also aus.

LUTHER Ja, so sehe ich aus. Was dachtet Ihr denn?

AVE Ich meine, Ihr seid der tapferste Mann der Welt. Ihr habt die ganze römische Kirche gegen Euch, den Papst und auch den Kaiser.

LUTHER Ja, wenn man es so sieht, habe ich jede Menge gegen mich. Aber ... ich bin ja nicht allein.

MARGA Wie meint Ihr das?

LUTHER Ich habe Christus bei mir, und ich habe ihn auf den Papst gehetzt. Jedermann schneidet gern dünne Bretter. Ich bohre da, wo sie am dicksten sind.

AVE Habt Ihr nie gedacht, Euch zu vermählen ... mit einer starken Frau?

LUTHER Bei meiner Gesinnung wird es nicht geschehen, dass ich heirate. Nicht dass ich mein Fleisch nicht spüre, ich bin weder Holz noch Stein. Aber mein Sinn steht der Ehe fern, da ich täglich den Tod und die verdiente Strafe für einen Ketzer erwarte. Gehabt Euch wohl!

(Geteilte Bühne. Barbara ab.)

CRANACH Und, was sagt Ihr, Doktor Martinus?

        MARGA Und, was sagt ihr, Ave und Käthe?

LUTHER Die beiden Schönfelds machen ihrem Namen alle Ehre, sie sind wahrhaft schön

anzusehen, und wie so oft
…

CRANACH ... wie so oft?

LUTHER ... ist die jüngere der zwei hübscher und aufgeschlossener. Die könnte einem schon die Augen verdrehen.

AVE Ein stattlicher Mann, mutig und beredt, der könnte mir schon gefallen.

CRANACH Nun, du hast oft genug gegen den Zölibat gepoltert und für die Priesterheirat gestritten!

LUTHER Lass es einstweilen gut sein damit. – Diese Katharina dagegen scheint mir entweder hochnäsig oder verstockt. Das müsste schon ein Trottel sein, der sie heiratet!

MARGA Käthe, was ist mit dir?

JUNGE KATHARINA *(enttäuscht.)*
Ich ... kann dazu nichts sagen, jetzt da wir Luther

endlich gesehen haben. Wenn du es versuchen willst, Ave, so wünsche ich dir alles Glück – du wirst es brauchen, denn du hast ja gehört: er taugt nicht zum Heiraten.

(Die drei umarmen sich.)

CRANACH Bedenke doch, was diese jungen Damen alles durchgemacht haben. Zehn, fünfzehn Jahre und mehr waren sie im Kloster!

LUTHER Nichtsdestotrotz: sie müssen unter den Hut, alle!

(Die beiden umarmen sich.)

(Dunkel.)

- Hieronymus Baumgärtner

Bei Cranachs. Auf einem Pult allerlei Flaschen und Behältnisse, Apotherausstattung.

Junge Katharina. Barbara und Baumgärtner. Dann: Ave. Später: Luther, Cranach, Marga.

JUNGE KATHARINA *(zum Publikum.)*
In Cranachs Apotheke begegnete ich meiner ersten Liebe, Hieronymus Baumgärtner. Geliebt, ja geliebt habe ich ihn wirklich. Ein junges, immer noch

junges Herz, unerfahren in diesen Dingen, hing sich an den Ersten, der ein wenig nett zu mir war.

BARBARA *(führt Baumgärtner herein.)*
Käthe, hier ist der junge Mann von der Universität, der dir ein paar Fragen stellen möchte bezüglich deiner Kräutermischung. Ich ... ich habe noch hinten zu tun, ich meine oben ... draußen, ich muss zum Bäcker!
(Ab.)

JUNGE KATHARINA *(hantiert mit Mörser und Pistill.)*

BAUMGÄRTNER *(tritt ein. Umarmt sie zärtlich.)*
Was rührt Ihr da für ein Pülverchen, edles Fräulein?

JUNGE KATHARINA Meister Cranach probiert etwas Neues, er sagt es wirke anregend. Pfeffer, ich brauche mehr Pfeffer!

BAUMGÄRTNER Wie bitte?

JUNGE KATHARINA Dort hinten, auf dem Pult, am besten den aus Cayenne.

BAUMGÄRTNER Was ist das?

JUNGE KATHARINA Das haben die Spanier nach Europa gebracht! Aus dem neuen Kontinent ... und Meister Cranach hat sich gleich einen Sack voll gesichert.

BAUMGÄRTNER Ach so. Hier.

JUNGE KATHARINA Danke. Nun sagt, Ihr wollt also bei Meister Cranach um meine Hand anhalten? Zimt.

BAUMGÄRTNER Zimt. Ja, doch ich muss zuerst mit meinen Eltern sprechen.

Junge Katharina Das heißt, Ihr geht wieder nach Nürnberg?

Baumgärtner Nur für eine Woche oder zwei. Dann fahre ich zurück nach Wittenberg, ich komme Euch holen.

Junge Katharina Und zu guter Letzt: Vergissmeinnicht. Das stärkt das Gedächtnis ...

Baumgärtner *(Handkuss. Ab.)*

Junge Katharina *(zum Publikum.)*
Das wars. Kommt herein, sagt ein paar Floskeln und verabschiedet sich nach Nürnberg. Ließ nix mehr von sich hören. Luther schrieb ihm sogar:
(liest aus einem Brief.)
"Wenn Du Deine Käthe von Bora festhalten willst, so beeile Dich, bevor sie einem andern gegeben wird." – Pff..., welchem anderen?

Ave *(tritt ein.)*
Und Luther? Der hat sich immer noch nicht entschieden. Unentschieden seit einem Jahr, der größte Prediger in ganz Europa!

Junge Katharina So warten wir beide.

Junge Katharina und Ave Warten auf die Liebe.

(Tanz: Ave und Käthe)

(Käthe erhält viele Briefe, aber keinen von Baumgärtner. Ave spricht mit Luther und Cranachs, aber nur über Belangloses.)

Junge Katharina *(mit einem Stapel Briefe.)*
Nichts.

Ave Nichts.

Marga Nichts.

Barbara Nichts.

Junge Katharina und Ave Nicht ein Wort von ihm.

(Dunkel. Licht.)

Ave Ich kann nicht länger warten. Ich heirate nun doch den Arzt, Doktor Basilius Axt. Wir ziehen nach Torgau.

Marga Ich will dort auch mein Glück versuchen. Lebt wohl!

(Alle vier Frauen umarmen sich zum Abschied. Die beiden Schönfelds ab, da treten Luther und Cranach ein.)

Luther *(geknickt.)*
Ein Brief, der Euch angeht, Fräulein von Bora.

(Luther und Cranach ab.)

Junge Katharina *(liest.)*
"... möchten wir Euch, lieber Doktor Luther, die Verlobung unseres Sohnes Hieronymus mit dem Edelfräulein Sybille Dichtel zu wissen kundtun."
(weint und bricht zusammen.)

Barbara *(stützt sie und liest weiter.)*
"... mit reicher Mitgift und von sehr angesehenen Eltern!" Ja, das ist ihnen wichtig: Geld und Elternhaus. Da kann so eine arme entlaufene Kirchenmaus wie du nicht mithalten, Käthchen.

(Hält sie im Arm. Dunkel. Barbara ab.)

- Antrag des Dr. Glatz

Katharina allein am Tisch, schreibend. Dann: Luther mit Glatz.

JUNGE KATHARINA *(zum Publikum.)*
Dann hatte Luther eine wirklich MIESE Idee.

LUTHER *(schiebt Glatz herein.)*
Gott zum Gruße, mein Fräulein von Bora. Dies ist der Doktor Kaspar Glatz, Pfarrer in Orlamünde. Ich halte es für angebracht, wenn ihr zwei euch einmal unterhaltet.
(hastig ab.)

GLATZ *(ein linkischer, gebückt gehender Typ, wahrlich keine Schönheit. Ist mit einem ordentlichen Tick zu spielen, wie beispielsweise beständiges Hochziehen der Rotznase oder schleimiges Händereiben. Sprachfehler und Augenzucken gehören selbstverständlich dazu.)*
Nun, mein liebesss Edelfräulein.

JUNGE KATHARINA *(angewidert.)*
Nun ...?

GLATZ Da bin ich alssso. Der Doktor Glatzzz.

JUNGE KATHARINA Ja?

GLATZ Und da issst ja dasss gnädige Fräulein.

JUNGE KATHARINA Wer? Ach so, ich. Richtig.

GLATZ Sssie rechnet. Fleißßßig, mit den Zahlen weißßß sie gar wohl umzugehen?

JUNGE KATHARINA Ja, ich helfe Cranachs bei der Abrechnung für die Apotheke.

Glatz Achtbar, sehr achtbar. Alssso, ich denke dann issst es abgemacht, die Hochzzzeit?

Junge Katharina *(stößt vor Schreck ihr Tintenfass um und beschmiert seine Kleidung.)*
Oh!

Glatz Oh!

Junge Katharina *(schiebt ihn hinaus.)*
Gebt mir ein wenig Zeit, Meister Cranach wird Euch meine Antwort wissen lassen.

Glatz *(händereibend.)*
Gewisss, gewisss.

(Ab, an der eintretenden Barbara vorbei.)

- Barbara Cranach

Barbara Was war das denn, ein Frettchen?

Junge Katharina Ach Barbara, das war ... der, den Luther für mich auserkoren hat. Aber das sag ich dir: den Glatz nehm ich nicht. Der sieht so aus, wie er heißt und stirbt mir weg! Ich bin zwar schon 26, aber so verzweifelt bin ich noch nicht! ... Der Doktor Luther, der würde mir schon gefallen!

Barbara *(erstaunt.)*
So ambitioniert? – Nun gut, er macht was her. Bis vor einem Jahr lief er noch als Bettelmönch herum, nur in einer Kutte. Vielleicht hat er schon ein Auge auf dich geworfen.

Junge Katharina Denk dir nur, er ist der berühmteste Mann in allen deutschen Landen!

Barbara Einen Rat kann ich dir geben, egal wie du dich entscheidest.

JUNGE KATHARINA Welchen?

BARBARA Mach dich unentbehrlich.

JUNGE KATHARINA Wie das?

BARBARA Schau mich an. Ich habe den größten Maler außerhalb von Rom geheiratet. Meinst du, dies geschah aus reiner Liebe?

JUNGE KATHARINA Sondern?

BARBARA Mein Vater war Bürgermeister von Gotha, meine Mitgift war ... fürstlich. Ich herrsche hier im Haushalt und im Geschäft, ich entlohne die Malergesellen und kassiere die Honorare. Dafür hätte Lucas gar keinen Kopf. Und ich war sein bevorzugtes Modell, bin es immer noch.

JUNGE KATHARINA Sein Modell? Aber ich sehe nirgends ein Bildnis von dir – ich meinte zu hören, er habe dich nie gemalt?

BARBARA Offiziell nicht, nein. Doch ich wohne in vielen seiner Bilder ... fast allen.

(Einblendung berühmter Akte Lucas Cranachs: Adam und Eva 1513. Adam und Eva – mit Hirsch – 1533. Das goldene Zeitalter, um 1530.)

BARBARA Und das Bild der Heiligen Barbara, an dem er gerade arbeitet – was denkst du wen es darstellt? Lucas hat die Heilige nie gesehen, seine Heilige Barbara bin ich! Und so sollst du auch für Luther sein.

JUNGE KATHARINA Aber ... was bedeutet das für mich?

BARBARA Halt ihm den Rücken frei! – Meinst du, Cranach malte alle seine Bilder selbst, mehrere tausend Werke? Wir sind eine Werkstatt, ein Wirtschaftsunternehmen, wir haben 84 beheizte Zimmer! Genauso braucht Luther seine Helfer ... das heißt er wird sie brauchen! Schaffe ihm ein Heim mit gutem Essen und vielen Kindern, ein echtes Zuhause! Denn er hat keins, schläft auf altem Stroh. – Und noch etwas: Luther wird sich nicht für dich entscheiden, das musst du schon übernehmen!

JUNGE KATHARINA *(sitzend, ihre Hand haltend, flüsternd.)*
Danke!

(Dunkel.)

Szene II.3

Bei Cranachs. Käthe sitzt Cranach Modell.

Junge Katharina und Cranach. Dann: Christian II., später: Barbara, Luther.

(Einblendung: während der Szene entsteht das Gemälde, das berühmte Hochzeitsbildnis von 1525, hier bewusst als Anachronismus eingesetzt.)

- Cranach malt Katharina

CRANACH *(an der Staffelei, mit Pinsel und Palette.)* Dein Kopf, das Kinn etwas höher, Katharina.

JUNGE KATHARINA Ich hätte nicht gedacht, dass es so anstrengend wird, als Ihr mich nach einem Portrait fragtet. Wie könnt Ihr so viele Werke geschaffen haben, wenn Ihr tagelang an meiner Person herumpinselt?

CRANACH Die Antwort ist ganz einfach, meine Liebe: ich habe viele Gesellen und wir benutzen Schablonen. Nicht überall, wo Cranach draufsteht, muss ich Hand anlegen. Ich habe nur sicherzustellen, dass es wie ein Cranach aussieht! – Aber in deinem Fall ist das etwas anderes. Ich habe das Gefühl, dass wir hier etwas Großes schaffen, deswegen gebe ich mir besondere Mühe bei dir. Dein Kinn!

JUNGE KATHARINA Dann wollt Ihr mich wohl auch "in Druck geben", wie Ihr das nennt, so wie den Doktor Martinus, und als Flugschrift verbreiten? Ihr habt mich gar nicht gefragt, ob ich Euch Modell stehen möchte für eines Eurer berühmten Aktgemälde – bin ich Euch nicht hübsch genug?

CRANACH Doch, das wärst du. Aber ich denke, das Schicksal hat etwas anderes mit dir vor. Übrigens wird uns gleich Christian beehren, da stünde es uns nicht gut an, wenn du nackt hier säßest.

JUNGE KATHARINA Ja, wenn Christian II. von Dänemark ins Zimmer kommt, möchte ich durchaus bekleidet sein.

CRANACH Du weißt ja, er hat schon während seines Exils bei uns gewohnt und bewegt sich hier im Hause, wie es ihm gefällt ... da ist er.

- Christian von Dänemark

CHRISTIAN Gott zum Gruße, Meister Cranach.
(betrachtet das Gemälde.)
Ah, das Fräulein von Bora lässt sich abbilden für die Nachwelt! Ja, der Meister hat mich auch schon gemalt, 1523, direkt nach meiner Flucht aus

Dänemark. Er ist vielleicht der Größte unserer Zeit ...
(holt Luft.)

JUNGE KATHARINA Ich finde, Meister Cranach hätte lieber Bäcker werden sollen.

CRANACH Das will ich mal überhört haben. Was verschafft uns die Ehre, Eure Majestät?

CHRISTIAN Mit der Majestät ist es aus, Meister Cranach, ich bin ein König ohne Land. Ich möchte vor meiner Abreise kurz mit dem Fräulein sprechen. – Katharina, gern wollte ich Euch zum Abschied etwas schenken, das Eurer Schönheit nahe kommt ... aber ich habe nur diesen Ring.
(überreicht ihr den Ring.)

JUNGE KATHARINA Für mich? Danke, vielen Dank. Er wird mir Glück bringen.

CHRISTIAN Das soll er. Nun, wie steht es mit Euren Heiratsplänen?

JUNGE KATHARINA *(aufbrausend.)*
Pah, einen Doktor Glatz hat Luther mir zugedacht – krummbeinig, lispelnd und hochnäsig! Aber das sag ich Euch, da hat er sich in mir geirrt, der Doktor Martinus, dieser Thesenanschläger! Wenn ich schon heiraten muss, dann nur Bischof Amsdorf, aber der nimmt mich sowieso nicht – oder eben Luther selbst!

CHRISTIAN *(nach einer Denkpause.)*
Warum? Warum wollt Ihr Euch das antun? Er schwebt in Lebensgefahr, jeden Tag.

JUNGE KATHARINA Ich denke mir, es wird bestimmt nie langweilig mit ihm.

CRANACH Oh ja, das wird es bestimmt nicht.

JUNGE KATHARINA Gut, Meister Cranach, sagt ihm das, wenn Ihr ihn das nächste Mal seht, sagt ihm ich würd ihn nehmen!
(Sie sieht Barbara mit Luther eintreten und stürzt zur anderen Seite hinaus.)

- Luthers Antrag

BARBARA Sag ihm das gleich selbst, denn er ist ... hier. – Jetzt ist sie weg.

CHRISTIAN Lieber Doktor, seid Ihr nun endlich entschlossen, was Katharina betrifft?

CRANACH So wie ich das sehe, müssen der Hofmaler des sächsischen Kurfürsten und ein dänischer König im Exil noch den Brautwerber spielen?

LUTHER Nein, Ihr braucht Euch keine Mühe zu geben. Egal was die andern sagen, "heirate nicht in dieser unseligen Zeit des Bauernkrieges", "nimm nicht diese entlaufene Nonne, nimm eine andere" – ich habe meine Gründe beisammen. Ich versöhne mich mit meinem Vater und treibe den Papst zur Weißglut. Die Engel im Himmel werden lachen und alle Teufel weinen. Hier geht es nicht mehr um die 95 Thesen. Hier geht es darum das einzulösen, was ich über die Ehe geschrieben habe. Ich kann nicht mehr warten, ich muss jetzt mit gutem Beispiel voran!

CHRISTIAN Ja nehmt sie, Luther, das rat ich Euch. Sonst nehm ich sie mit nach Dänemark – und dann seht Ihr sie nie wieder!

Luther Barbara, würdest du sie holen?

Barbara Gern.

(Ab.)

Luther Gewährt Ihr mir Katharinas Hand, an Vaters Statt, alter Freund?

Cranach Ich würde mich glücklich schätzen, alter Freund.

Luther So bitte ich dich, Lucas, bring dieses Gemälde von ihr zu Ende und setz meins daneben, als Hochzeitsbildnis.

(Einblendung: Hochzeitsbilder. Barbara kommt mit Käthe zurück.)

Junge Katharina (schnatternd.)
Aber sich sage dir, Barbara, er soll den Pfeffer aus Cayenne nehmen für die Kräutermischung. Und dann eine Spur Zimt ...

(Käthe und Luther stehen sich gegenüber. Die anderen verschwinden leise, lauschen aber.)

Luther Wie ich hörte, liebe Katharina, seid Ihr auf einen Bräutigam aus. Wollt Ihr es mit einem Doktor der Theologie versuchen?

Junge Katharina Solange er nicht Glatz heißt, sondern Luther, sag ich ja. Wollt Ihr es mit einer ehemaligen Nonne versuchen, der ein Doktor zur Flucht verholfen hat?

Luther *(nimmt sie in den Arm.)*
Na komm, ich nehm dich, aber nur aus Mitleid.

Junge Katharina Und ich nehm Euch, um Euer Leben zu retten, denn man sagt mir, Ihr hättet das Steinleiden.

Luther Zudem steht das Ende der Welt bevor, wie jeder weiß.

Junge Katharina So? Dann lasst uns zusammen daran arbeiten, dass es nicht so bald geschieht.

Luther Ja, glaubt Ihr denn, Ihr könnt den Lauf der Dinge stoppen und die Welt verändern?

Junge Katharina Das glaube ich sehr wohl, dass ein Mann und eine Frau dies können. Das ist wohl eher Eure Angelegenheit. Doch wenn Ihr es zulasst, werde ich dafür sorgen, dass Ihr lange genug lebt, um die Welt zu verändern.

Luther Ihr seid doch nicht Gott!

Junge Katharina Ich kenne mich aus mit Heilkräutern, da ist schon mal die Hälfte gewonnen.

(Kuss.)

(Dunkel.)

Szene II.4

Leere Bühne.

Die drei Katharinas. Später: Luther, Barbara und Cranach, Apel, Bugenhagen, Jonas.

(Am hinteren Bühnenrand werden zwei Betten aufgestellt.)

Kleine Katharina Ich heirate.

Junge Katharina Ich heirate den großen Martin Luther, den "Superstar der Reformation", den weltberühmten Deutschen, den "neuen Papst" aus Wittenberg.

ERWACHSENE KATHARINA Wir heiraten also, am 13. Juni 1525: Er 42, ich 26 Jahre alt.

KLEINE KATHARINA Stadtpfarrer Bugenhagen traut uns am Abend in der Schlosskirche im engsten Kreis unserer Freunde.

JUNGE KATHARINA Erst zwei Wochen später sollte die große Hochzeitsfeier mit allerlei Gästen von außerhalb stattfinden, darunter auch Martins Eltern.

ERWACHSENE KATHARINA Nach der Trauung folgte getreu der alten Sitte das Brautlager. Unsere Trauzeugen geleiteten uns zur Brautkammer: Pfarrer Bugenhagen, der Propst Justus Jonas, der Jurist Apel und Meister Lucas Cranach mit seiner Frau Barbara.

- Hochzeitsnacht

Beiseite: Kleine und Erwachsene Katharina. Ganz hinten wartet die Junge Katharina. Mittig Luther mit den Trauzeugen.

LUTHER *(ihnen die Hand reichend.)*
Liebe Barbara, meine Herren ... auf eine gute Nacht!

APEL Gute Nacht!

BUGENHAGEN Gehabt euch wohl.

CRANACH Und viel Erfolg!

JONAS Ja, viel Erfolg!

LUTHER *(an den hinteren Bühnenrand zur wartenden Katharina.)*

APEL Wer hätte gedacht, dass es jetzt doch so schnell gehen würde.

BUGENHAGEN ... wo er sie doch zunächst als starrköpfig angesehen hat.

BARBARA Vielleicht hat er erkannt, dass ihm genau das gefehlt hatte. Eine Frau, die ihm ebenbürtig ist ...

CRANACH ... oder ihm sogar "den Weg zeigt".

(Alle lachen miteinander.)

JONAS Spaß beiseite: Vermählt vor dem Pfarrer sind sie jetzt, es fehlt also nur noch "das eine".

APEL Nun, gewähren wir ihnen ein paar Minuten.

(Die Trauzeugen teilen sich auf und treten an die Seite, so dass sie mit den Zuschauern in den Guckkasten hineinschauen. Kleine und Erwachsene Katharina kommen dazu. Hinten sitzend die Junge Katharina und Luther.)

DIE TRAUZEUGEN *(tuscheln, zerreißen sich das Maul.)*

(Junge Katharina und Luther nähern sich zögernd an.)

JUNGE KATHARINA Da stehen wir also.

LUTHER Ja, da stehen wir ...
(verschämter Blick nach unten.)
... sitzen wir also.

(Beide versuchen sich zu umarmen, sind aber seeehr schüchtern. Sie halten Händchen. Sie wollen sich küssen und stoßen mit den Köpfen zusammen.)

JUNGE KATHARINA Ich würde ja gerne, aber ich ...

LUTHER ich ...

BEIDE Ich kann das nicht!

LUTHER Nicht mit mir! Ich sage ihnen Bescheid.

JUNGE KATHARINA Aber wir müssen, Ihr müsst doch ...

LUTHER Ich MUSS gar nichts. Bis vor Kurzem waren wir beide noch Ordensleute, das soll mal keiner vergessen!
(zutraulich.)
Wir holen es nach, das verspreche ich dir!

DIE TRAUZEUGEN *(tuscheln weiterhin.)*

> *(Alle Trauzeugen raunen, als sie Luther näherkommen sehen.)*

APEL *(in Habacht-Stellung.)*
Aaachtung!

BUGENHAGEN Er kömmt, er kömmt!

CRANACH Er sieht sehr zuversichtlich aus!

JONAS Wo hat er denn das Bettlaken mit dem roten Fleck?!

LUTHER *(tritt zu den Trauzeugen, tuschelnd, argumentierend.)*
... und wenn ich Euch mein Wort gebe, dann ist es gerade so als wäre es schon geschehen. Ihr könnt also beruhigt vor das Bürgervolk treten und uns Absolution erteilen.

APEL Also, ich weiß ja nicht ...

BUGENHAGEN Und Ihr meint wirklich, dass Ihr später ...

LUTHER Dessen könnt Ihr gewiss sein, nur eben nicht heute Nacht.

BARBARA Ich bins zufrieden!

CRANACH Nun gut, wir werden sehen.

JONAS Wohlan, so sei es!

Luther *(zurück zu Katharina.)*

Die Trauzeugen *(zum Publikum, lautstark.)* Die Ehe ist vollzogen!

Jonas *(wischt sich die Augen.)*
Ich kann bei diesem Schauspiel die Tränen nicht unterdrücken.

Apel Geht, Leute, geht hinüber in die Wirtschaft – die beiden brauchen eine Pause!

* * * PAUSE * * *

Akt III

Szene 1

Im Schwarzen Kloster zu Wittenberg, Wohnung des Ehepaars Luther. Im Vordergrund die große Lutherstube mit Kachelofen, Tisch und Fensterbank. Hinten erhöht das kleine Turmzimmer, Luthers Studierstube.

Junge Katharina. Muhme Lene. Die Mägde Rosine und Marie. Luther. Beiseite: Kleine und Erwachsene Katharina.

(Die Mägde halten ein weißes Tuch, dahinter liegt auf einem Tisch die gebärende Katharina. Lene ist bei ihr. Vorn der nervös umherlaufende Luther.)

- Geburt des ersten Sohnes

Junge Katharina *(schreit vor Schmerzen.)*
Ah ... Ah ... ich ... kann ... nicht!

Lene Atmen, Käthe, Atmen.

Luther *(für sich.)*
Ohh ...

Junge Katharina Ah ... Auu!

Lene Weiter, weiter.

Luther O mein Gott, oh ... oje.

Junge Katharina Aaauuu ...

Lene Jetzt, jetzt, ja!

Luther Jetzt?

Lene Du hast es geschafft!

(Schreie eines Neugeborenen. Sie bringt das Baby nach vorn.)

Lene Es ist ein Junge.

Luther *(hält unbeholfen das Baby.)* Du sollst Hans heißen.

(Beide gehen zu Käthe, helfen ihr sich aufzusetzen, herzen sich.)

Kleine Katharina Ein Jahr nach unserer Vermählung, am 7. Juni 1526 erblickt unser erstes Kind das Licht der Welt.

Erwachsene Katharina Böse Zungen wie der berühmte Humanist Erasmus von Rotterdam behaupteten, wir hätten schnell heiraten müssen, weil ein Kind unterwegs sei. Aber das stimmt nicht, er musste dies widerrufen.

Kleine Katharina Auch Martins Nachbar Melanchthon, der geniale Professor für Griechische Sprache, war verärgert über die schnelle Hochzeit – vielleicht weil er selbst nicht eingeladen war.

Erwachsene Katharina Aber Luther setzte sich darüber ... über alles hinweg. Und wider Erwarten war das Kind vollkommen gesund ...

(Junge Katharina und Luther betrachten glücklich das Baby. Lene daneben.)

Luther Ja, liebe Käthe, hast du denn geglaubt, wir würden ein zweiköpfiges Monster gebären?

Junge Katharina Ich ... weiß nicht. Manche sagen, das Kind eines Mönchs und einer Nonne müsste die Ausgeburt der Hölle sein.

Luther Naja, immerhin bin ich damals ins Kloster eingetreten, um dem Teufel zu entfliehen ...

Lene Pah, wenn der Antichrist ein Mönchs- und Nonnenkind wäre, wäre die Welt voll mit Antichristen!

Luther *(zu Käthe.)*
Geh, nun ruh dich aus und lass dir einen heißen Kräutertrank von Muhme Lene bereiten. Ich will die Taufpaten benachrichtigen, Pfarrer Bugenhagen, Professor Jonas und Meister Cranach. Und ein paar Freunden in der Ferne werde ich auch schreiben.

(Junge Katharina mit Lene ab.)

Luther *(setzt sich und schreibt.)*
Lieber Freund! Mein treffliches liebes Weib hat mir mit Gottes Segen ein Söhnlein Hänschen Luther geboren. Durch Gottes wunderbare Gnade bin ich Vater geworden und kann nun mit Recht von mir sagen: Wer ein Kind sieht, begegnet Gott auf frischer Tat.
(überlegt.)
Ich wünsche dir auch ein Kind, das dich lehren kann, die Freuden des Ehestandes zu erfahren. Das ist ein seliger Mann, der eine gute Ehe hat. – In den Tagen nach der Hochzeit, das gestehe ich, war ich nicht verliebt in meine Frau, aber ich war ihr gut. Jetzt, nach einem Jahr, bin ich ein glücklicher Ehemann: Ich habe meine Käthe lieb. Es ist eine große Sache, das Bündnis zwischen Mann und Frau.

(Dunkel. Luther ab.)

- Muhme Lene

Junge Katharina mit Lene an der Hand.

JUNGE KATHARINA Ich bin so froh, dass du jetzt bei uns bist, Tante Lene.

LENE Und ich bin froh, dass ihr mich aufgenommen habt ... nachdem ich endlich den Mut hatte, aus dem Kloster zu fliehen wie du.

JUNGE KATHARINA Ohne dich wüsste ich nicht, wie ich das alles schaffen sollte, mit dem großen Haus und jetzt auch noch Hänschen. Du weißt ja, wir haben zwei Mägde, aber ...

LENE Still, Käthe. Ich kümmere mich um dich, das habe ich dir damals schon versprochen. Und dabei bleibt es.

(Sie umarmen sich.)

JUNGE KATHARINA Um mich mache ich mir keine Sorgen, aber um Martin. Seine Gebrechen ... er wird wohl schneller alt als ich dachte. Dazu die ständigen Belastungen des Geistes, er nennt es Anfechtungen: tagsüber lässt er sich nichts anmerken, aber er schläft kaum eine Nacht durch. – Dann steht er auf, spaziert in seiner Turmstube auf und ab, disputiert mit Gott und dem Teufel, wirft das Tintenfass und ruft "leck mich am Arsch".

LENE Nun, dann werde ich meine Fähigkeiten als Siechenmeisterin wieder hervorkramen müssen. Vielleicht kenne ich noch das eine oder andere Wundermittel, das Frau Cranach nicht in ihrer Apotheke hat.

Junge Katharina Deine Heilkünste sind ein wahrer Segen! Er ist so stark und doch so schwach, ein Ritter und Feldherr der großen Worte und in vielem noch ein Kind. Unverwüstlich, aber trotzdem oft krank. Ich fürchte, er wird es nicht schaffen, allein gegen alle.

Lene So sei ihm eine Stütze, dein Leben lang. Das ist dein Eheversprechen. Martin hat schon Großes bewegt, aber mit deiner Hilfe kann er die Welt verändern ...

Junge Katharina Die Welt verändern? Das gefällt mir.

Lene Gut, dann lass uns heute anfangen, hier in deinem Haus. Machen wir aus dem Schwarzen Kloster ein freundliches Heim!

- Das Schwarze Kloster

Junge Katharina mit Lene. Beiseite: Erwachsene und Kleine Katharina.

Erwachsene Katharina Das Schwarze Kloster, unser Haus! Martin war nie ausgezogen, nachdem er ein Jahr vor unserer Hochzeit die Mönchskutte abgelegt hatte. Nach und nach waren alle anderen Ordensbrüder geflohen, und so überließ uns der Kurfürst das riesige Bauwerk zur Nutzung als Familie.

Kleine Katharina Drei Stockwerke und mehrere Nebengebäude, erbaut zu Beginn des Jahrhunderts, vieles davon nur halb fertig.

Junge Katharina Schlafzellen für 40 Personen!

Lene Was sollen wir damit bloß anfangen?

Junge Katharina Da hätte ich schon eine Idee.

Kleine Katharina Im Erdgeschoss das Refektorium, der riesige Speisesaal.

Erwachsene Katharina Im ersten Stock ein großer Hörsaal und die Wohnstube mit dem grünen Kachelofen.

Junge Katharina *(deutet auf den Kachelofen.)* Den habe ich gleich im ersten Jahr bauen lassen. Und hier oben: Martins Studierstube. Er sagt immer, er habe daraus "den Papst gestürmt".

(Sie blicken nach oben.)

Lene Hm, so dunkel und trübe, sein Zimmer.

Junge Katharina Ich werde ihm ein Fenster durchbrechen lassen, dann hat er einen schönen Ausblick, direkt auf die Elbe!

(Sie gehen umher und diskutieren.)

Kleine Katharina Stück für Stück brachten wir alles in Ordnung.

Erwachsene Katharina Nun wohnte ich also wieder in einem Kloster – mit dem Unterschied, dass ich freiwillig hier war.

Junge Katharina ... dass ich hier gestalten und werkeln kann, so viel ich möchte!

Lene ... dass man sich hier wirklich zuhause fühlen kann.

Junge Katharina Ein Heim, in dem man Freundinnen empfangen mag!

(Kleine und Erwachsene Katharina ab.)

- Frisch vermählt

Katharina Jonas. Elisabeth Kreuziger. Später: Luther.

JUNGE KATHARINA Gott zum Gruße. Lene, das ist Katharina Jonas, die Ehefrau unseres Schlosspropstes.

KATHARINA JONAS Gott zum Gruße. Ihr seid also die berühmte Muhme?

LENE Ja, die bin ich.

JUNGE KATHARINA Und Elisabeth – ihr Mann ist Caspar Kreuziger, Theologe und ein Kollege Martins.

(Sie begrüßen sich reihum und setzen sich mit Näharbeiten an den Tisch. Lene ab.)

ELISABETH Nun Käthe, wie fühlst du dich als Frischvermählte?

JUNGE KATHARINA Es war nicht leicht, weiß Gott. Als ich hier eingezogen bin, schlief Martin auf einem halbverfaulten Sack aus Stroh.

KATHARINA JONAS Wahrscheinlich ein Jahr nicht gewechselt! Den hätte ich sofort ...

JUNGE KATHARINA Verbrannt, natürlich! Aber diese Genügsamkeit, die mönchische Askese, das steckt noch in ihm. Neulich habe ich ihn erwischt, wie er seine Hose selber flickte ...

ELISABETH Das ist doch sehr löblich, wenn der Mann im Haus hilft!

JUNGE KATHARINA Aber nicht, wenn er mir ein Stück aus der Hose für das kleine Hänschen herausschnippelt. Sie war ganz neu! Und er sagt noch, er hätte seine Hose erst viermal geflickt.

KATHARINA JONAS Hilft er dir denn sonst, im Garten?

JUNGE KATHARINA Ja, wie mans nimmt. Ich grabe und pflanze und er pflückt die Beeren, sobald sie anfangen zu leuchten. Aber das ist mir schon recht – ich bin für Haus und Garten zuständig und er für die Theologie.

ELISABETH Wo ist er jetzt?

JUNGE KATHARINA In seiner Turmstube. Wahrscheinlich kämpft er wieder mit einer Bibelstelle.

(Sie plauschen weiter, während sich Luther oben ans Pult setzt und schreibt.)

LUTHER Lieber Freund! Mein Hänschen grüßt dich. Er zahnt wieder und pisst in jede Ecke. Das ist das Glück der Ehe, deren der Papst nicht wert ist.
(überlegt.)
Das erste Jahr des Ehestandes macht einem seltsame Gedanken. Wenn man im Bett erwacht, sieht man ein Paar Zöpfe neben sich liegen, welche man früher nicht sah. – Die erste Liebe ist eine glühende, trunkene Liebe. Doch wenn wir die Trunkenheit ausschlafen, dann bleibt die rechtschaffene, ehrliche Liebe. Ich kann dir sagen, Katharina macht aus diesem verrottenden Kloster ein wahres Paradies.
(Pause.)
Ich wollte meine Käthe nicht für ganz Frankreich und Venedig hergeben. Dieses Menschenkind hat mir mein Christus geschenkt. Ja, ich habe sie lieber als mich selbst.

(Er versiegelt den Brief.)
Rosine!

ROSINE Ja, Herr Doktor?

LUTHER Sieh zu, dass dieser Brief direkt zum Boten kommt. Wenn ihn die Frau Doktorin in die Hände bekommt, wird sie wieder hochnäsig!

ROSINE Jawohl, ich eile!

(Dunkel. Alle Ab.)

- Krankheit Luthers

Die Mägde, Lene und Junge Katharina mit Luther. Elisabeth, Katharina Jonas. Später: Barbara Cranach.

(Die Frauen rücken hektisch den Tisch beiseite und stellen ein Feldbett auf. Lene und Käthe stützen Luther und legen ihn hin.)

JUNGE KATHARINA Er war ja schon häufiger krank, aber jetzt ...

ELISABETH Was hat er denn?

JUNGE KATHARINA Ach, wo soll ich anfangen?

LENE Der Doktor mutet sich seit Jahren zuviel zu, schläft oft wochenlang nicht richtig. Dazu Rheuma, die Verdauung, Kopfweh, Ohrensausen, Schwindel.

KATHARINA JONAS *(beugt sich zu dem flüsternden Luther hinab.)*
Es sticht ihn im Rücken.

LENE Das Steinleiden.

ROSINE Wir haben nach Frau Cranach geschickt, sie wird bald mit den Arzneien hier sein.

Junge Katharina Das schlimmste Leiden jedoch ist sein Starrsinn und seine Anfechtungen. Neulich ist er drei Tage lang nicht hinausgekommen, da musste ich den Schlosser holen und die Tür aufbrechen.

Katharina Jonas War er ohnmächtig geworden?

Junge Katharina Nein, er schrieb und hörte nichts und niemanden. Er machte mir noch Vorhaltungen: "Was wollt ihr? Meint ihr, es sei was Schlechtes, was ich vorhabe?" Er war ganz verwirrt, als kennte er mich nicht.

(Marie mit Barbara, in Eile.)

Barbara *(reicht ein Kräuterkissen.)*
Wie geht es ihm? Schnell, auf den Rücken damit und einreiben!

(Sie wollen Luther gemeinsam auf den Bauch drehen, er schreit vor Schmerz laut auf.)

Luther Käthe, meine allerliebste Käthe! Ich bitte dich, will mich unser lieber Gott diesmal zu sich nehmen ... Hänschen, wo ist mein Hänschen?

Junge Katharina *(in Panik.)*
Marie, hol den Jungen! – Mein liebster Herr Doktor, ist's Gottes Willen, so will ich Euch bei unserm Herrgott lieber als bei mir wissen. Aber es nicht allein um mich und das liebe Kind zu tun – sondern um viele fromme Christenleute, die Euer noch bedürfen ...

Luther Becher ... die Becher ...

Elisabeth Was sagt er?

Luther Du weißt, außer den silbernen Bechern haben wir nichts.

Katharina Jonas O mein Gott, er halluziniert.

Junge Katharina *(panisch.)*
Lene, Barbara – müssen wir den Doktor Schurff rufen?

Lene Ja.

Barbara Ruft, ruft ihn.

Rosine *(Ab.)*

Elisabeth *(nimmt Käthe zur Seite.)*
Und wenn man sich nun abfände? Ihr habt zwei gute Jahre gehabt, das ist mehr als andere von sich sagen können.

Junge Katharina Was, ihn aufgeben? Nein, das leid ich nicht. Ich bin wieder schwanger! Frag ihn, was er essen möchte.

Barbara Aber er kann doch jetzt nichts essen, er muss strengste Diät ...

Junge Katharina Frag ihn! Was sagt er?

Katharina Jonas Er möchte Brathering mit Erbsen ...

Junge Katharina Steht noch auf dem Herd. Den bekommt er. Schnell, schnell!

Elisabeth ... und er fragt nach seinem Beichtvater, Pfarrer Bugenhagen.

Barbara Hol ich.

(Alle in Hektik ab, außer Käthe und Lene. Sie halten Luthers Hände. Dunkel.)

- Die Pest

Lene, Junge Katharina, Luther. Später: Barbara, eine Pestkranke, Rosine, Marie.

(Licht. Lene und Käthe führen Luther an der Hand umher.)

LENE Gott sei's gedankt, nach dem Essen hat sich der Stein gelöst.

JUNGE KATHARINA Fühlst du dich nun besser?

LUTHER Allerdings. Sollte ich sterben, so will ich ein Geist werden und die Bischöfe, Pfaffen und gottlosen Mönche so plagen, dass sie mit einem toten Luther mehr zu schaffen haben als mit tausend lebendigen!

JUNGE KATHARINA Das klingt schon eher nach meinem Martin.

(Heftiges Klopfen an der Tür. Barbara stützt eine Kranke.)

LENE Schnell, hier auf die Liege.

JUNGE KATHARINA Was ist ihr?

BARBARA Sie ist bei mir in der Apotheke zusammengebrochen.

LENE Schwellungen unter den Achseln.

JUNGE KATHARINA Überall blaue Flecken auf der Haut, fast schwarz.

MARIE *(stürzt herein.)*
Herr Doktor, Frau Doktorin, die Pest ist in der Stadt! Die Universität wird nach Jena verlegt!

LUTHER Die ganze Universität?

MARIE Ja, auch viele der Professoren sind schon geflohen.

PESTKRANKE *(stöhnt.)*

ROSINE *(stürzt herein.)* Herr Doktor, ein eiliger Brief des Kurfürsten Johann!

LUTHER *(bei der Kranken.)*
Lies ihn vor! Schnell, nur das Wichtigste!

ROSINE "... beschwöre ich Euch, Doktor Luther, dem Beispiel der anderen Professoren zu folgen. Bis Jena wird das schwarze Gift nicht kommen."

LUTHER Ach was, Teufelszeug! Die wahre Pest, das Schlimmste ist die Angst davor. Furcht tut nichts Gutes. – Wir weichen nicht. Käthe, was sagst du? Ich weiß, ich mute dir viel zu ... und dem Kind.

JUNGE KATHARINA Wir tun recht, zu bleiben. Ich fühle es, hier kann uns nichts geschehen. Das Schwarze Kloster ist unsere feste Burg.

LENE *(zu den Mägden.)*
Ihr habt die Doktorin gehört! Kocht Wasser auf für Tee und heiße Tücher.

PESTKRANKE Aaah, es tut so weh!

LENE Die Beulen aufstechen und die Wunden auswaschen. Darauf legen wir dann einen Kräutersud. Barbara, habt ihr Weihrauch in der Apotheke und Myrrhe?

BARBARA Jede Menge.

LENE Schafft alles herbei. Wir müssen die Stube ausräuchern, dreimal täglich.

Musik: Ein feste Burg

(Hektische Betriebsamkeit. Das zweite Feldbett wird hereingebracht, Kräuter, Tücher. Die Kranke wird behandelt und es kommen weitere Kranke. Nach und nach legen sich alle auf Betten, Tisch und Boden, auch Luther, Barbara und die Mägde –

außer Lene und Käthe. Lene befühlt Käthes Bauch und geleitet sie zu einem Stuhl.)

(Dunkel. Alle ab außer Lene, Käthe, Luther und den Mägden.)

- Tod der ersten Tochter

(Wie bei der Geburt Hänschens: Die Mägde halten ein weißes Tuch vor Käthe, Lene ist bei ihr. Vorn der nervöse Luther. Lene bringt ihm das Baby. Lene ab.)

(Luther geht nach hinten zu Käthe und sie halten gemeinsam das Baby.)

(Plötzlich verfinstern sich ihre Mienen. Die Mägde bringen ein schwarzes Tuch, decken das Baby zu und gehen ab. Käthe und Luther in Trauer.)

(Dunkel. Luther und Käthe werden durch die älteren Schauspieler ersetzt, die exakt in der gleichen Pose weiterspielen.)

(Licht.)

Luther *(schreibt.)*
Lieber Freund! Mein Haus ist ein Hospital geworden. Alle, fast alle konnten wir bewahren vor der tödlichen Seuche. Doch unsere Kleine war nicht stark genug.
(Pause.)
Gestorben ist mir mein Töchterlein Elisabeth, nach nur acht Monaten.
(schreibend.)
Es ist seltsam, welch trauriges Herz sie in uns hinterlassen hat. Nie zuvor hätte ich geglaubt, dass ein väterliches Herz so weich werden kann.

(Dunkel.)

Szene III.2

Im Schwarzen Kloster. Wie zuvor: Lutherstube mit Tisch und Sitzbank, hinten das Turmzimmer.

Junge und Kleine Katharina. Erwachsene Katharina, Lene. Rosine und Marie. Mehrere Kinder in verschiedenen Altersstufen. Lenchen. Später: Luther.

(Schreie eines Neugeborenen.)

- Kinder, Familie, Erziehung

JUNGE KATHARINA Schon bald nach dem Tod unserer ersten Tochter wurde ich wieder schwanger.

KLEINE KATHARINA Martin schrieb an einen Freund, er habe wieder ein Töchterlein im Bauch, so sehr freute er sich.

LENE *(bringt das Baby.)*
Geboren zu Himmelfahrt 1529!

ERWACHSENE KATHARINA *(sitzend, nimmt das Baby.)*
Und sie soll Magdalena heißen, natürlich nach ihrer Muhme Lene. Ich danke dir!

(Schreie von Neugeborenen.)

JUNGE KATHARINA Ich bekam sechs Kinder in acht Jahren.

LENE *(bringt ein Baby.)*
Klein Martin ...

(Die beiden Mägde mit weiteren Babys.)

Rosine ... Paul ...

Marie ... und Margarete.

Junge Katharina Dazu kamen noch jede Menge fremder Schützlinge, die wir an Kindes Statt aufnahmen.

(Einsetzender Kinderlärm.)

Kleine Katharina Darunter mehrere Nichten und Neffen Martins, die Waisenkinder seiner Schwester.

(Mehrere Kinder mit Spielzeug: Murmeln, ein Lederball, Steckenpferde, kleine Armbrüste, Pfeifen, Trommeln. Anhaltender Lärm und Spielen.)

Lene Ruhe, Kinder, Ruhe!

Erwachsene Katharina Setzt euch. Ruhe!

(Sie setzen sich rings um Käthe.)

Erwachsene Katharina Wir wiederholen den kleinen Katechismus. Was sagt Doktor Martin Luther über den Katechismus?

Kind 1 Der Katechismus ist der ganzen Heiligen Schrift kurzer Auszug.

Kind 2 Die Zehn Gebote, das Glaubensbekenntnis, das Vaterunser.

Erwachsene Katharina Richtig. Weiter? Was ist das Sakrament des Altars? Lenchen?

Lenchen Es ist, es ist ... Mama, ich weiß es nicht mehr!

Erwachsene Katharina *(nimmt sie in den Arm.)* Es ist der wahre Leib und das Blut unseres Herrn Jesus. Mach dir keine Sorgen, mein Kind.

Luther *(betritt die Stube.)* Brrr, eine Heidenkälte. Gesegnete Weihnachten, meine Kinder!

ALLE KINDER Gesegnete Weihnachten, Doktor Martinus!

ERWACHSENE KATHARINA *(reicht ihm ein Baby.)*

LUTHER Ah, ich sehe, Unkraut wächst schnell, daher wachsen die Mädchen schneller als die Knaben.
(herzt das Baby.)
Wie hast du es verdient, dass ich dich so lieb habe? Mit Scheißen, Pinkeln und Weinen. Wahrhaftig, ich bin reicher als der Papst!

LENCHEN *(setzt sich auf seinen Schoß.)*
Vater, habt Ihr uns etwas mitgebracht?

LUTHER Schaut einmal, was vor der Tür steht.

(Die Mägde gehen hinaus und bringen zwei Körbe.)

ROSINE Borsdorfer Äpfel!

MARIE Und hier, eine Decke ... und Wolle – oder nein ...

KINDER ... das sind Hündchen!

(Die Kinder nehmen sich Äpfel und herzen die Welpen.)

ERWACHSENE KATHARINA So, lasst uns singen.

KINDER Vater, das neue Lied, das neue Lied!

> **(Lied: Vom Himmel hoch)**

(Alle ab.)

- Freundinnen & Kollegen

Erwachsene Katharina. Bugenhagen, dann Luther. Elisabeth. Melanchthon. Das Ehepaar Jonas.

(Klopfen an der Tür.)

ERWACHSENE KATHARINA Das werden die beiden Jonas' sein.

BUGENHAGEN Gott zum Gruße, Frau Doktorin.

ERWACHSENE KATHARINA Huch! Herr Pfarrer, Ihr seid der erste?

BUGENHAGEN Ja, und?

ERWACHSENE KATHARINA Na, Ihr seid sonst nie der erste, wenn Ihr Gottesdienst haltet? Ich habe noch nicht einmal das Essen warm.

BUGENHAGEN *(Räuspern.)*
Ich habe mich heute etwas kürzer gefasst. Ihr wisst ja, wie Euer Gemahl immer sagt: Der Prediger steige auf die Kanzel, öffne seinen Mund ... aber er steige auch wieder herab.

LUTHER *(tritt ein.)*
Ah, Bugenhagen, der Doktor Pommer, guten Abend! Schon fertig mit Eurer Predigt?

BUGENHAGEN Ja, gewiss, aber ...

LUTHER Ihr wisst ja, wie ich immer sage: Ihr dürft über alles predigen, aber nicht über eine Viertelstunde. Komm, ich nehm dich gleich mit hinauf.

(Klopfen.)

ELISABETH Gott zum Gruße!

LUTHER Seid gegrüßt, liebe Elisabeth. Was habt Ihr da?

ELISABETH *(reicht ihm ein Notenblatt.)* Ich habe dieses Kirchenlied verfasst. Ich denke, da Ihr doch die Musik so liebt, vielleicht schaut Ihr es Euch einmal an.

ERWACHSENE KATHARINA *(liest.)*
Herr Christ, der einig Gottessohn.

LUTHER *(summt.)*
Ein Lied, erdichtet von einer Frau? ... Großartig! Es kommt gerade rechtzeitig für die neue Auflage unseres Gesangbuchs. – Nach dir, Pomeranus.

(Luther und Bugenhagen gehen ins Turmzimmer. Klopfen.)

ERWACHSENE KATHARINA Herein, Magister Melanchthon!

MELANCHTHON *(von kleiner Statur, mit deutlichem Lispeln, jedoch brillantem Geist.)*
Seid gegrüßt, liebe Katharina.

ERWACHSENE KATHARINA Verzeiht, dass ich Eure Frau nicht einlud, Ihr wisst ja ...

MELANCHTHON Ich weiß, ihr beiden Katharinas könnt euch nicht leiden. Aber glaubt mir, meine Liebe: Es gibt so manchen Tag, da kann ich Euch gut verstehen. Meine Käthe hält sich gern für etwas Besseres, weiß aber mit dem Gulden nicht umzugehen. Bei Euch ist es gerade umgekehrt.

ERWACHSENE KATHARINA Ihr habt wie immer recht, lieber Philippus. Und jetzt auch noch die Sache mit den Ziegen ... Geht nur nach oben.

(Melanchthon nach oben. Das Ehepaar Jonas.)

JONAS *(sehr vertraut.)*
Gott zum Gruß, liebe Käthe. Was ist denn mit den Ziegen?

ERWACHSENE KATHARINA Ach ...

KATHARINA JONAS Frauensache, Doktor Justus. Ab mit Euch nach oben zu den anderen Professoren.

(Jonas nach oben.)

- Luthers Arbeit und Werke

Geteilte Bühne. Die Damen sitzen am Tisch, Luther mit seinen Kollegen im Turmzimmer. Dort stapeln sich viele Schriftstücke.

ELISABETH Hat sie es tatsächlich gewagt?

ERWACHSENE KATHARINA Ja, Frau Melanchthon hat beim Kurfürsten beantragt, dass sie drei Ziegen halten dürfe, dabei ...

KATHARINA JONAS ... dabei ist nur eine pro Familie erlaubt, denn die Tiere zertrampeln die Elbdeiche!

ERWACHSENE KATHARINA Genau. Aber lasst uns von etwas anderem sprechen, habt ihr die Kinder wohl verbracht?

KATHARINA JONAS Ja, sie sind endlich eingeschlafen, deswegen waren wir auch so spät ...

ELISABETH Wie immer!

KATHARINA JONAS Wie immer. – Ach, mein guter Justus kränkelt wieder sehr, wie geht es Luther? Mir schien er sehr fröhlich in letzter Zeit?

ELISABETH Leidet er noch häufig an der ... Melancholie?

ERWACHSENE KATHARINA Mitunter ja. Ich suche ihn dann aufzuheitern mit einem Scherz oder lasse die Pferde anspannen für eine Spazierfahrt. Am besten bewährt hat sich allerdings, wenn seine Freunde bei ihm sind – gerade so wie jetzt.

(Die Männer werden plötzlich laut.)

MELANCHTHON Lieber Martin, es geht mir nur ums Griechische!

LUTHER Und mir nur ums Deutsche!

BUGENHAGEN Aber liebe Kollegen, bewahren wir doch Ruhe.

LUTHER Wie seinerzeit beim Neuen Testament, so will ich's nun auch beim Alten halten. Magister Philippus, Ihr könnt keine Bibel für das Volk übersetzen, wenn Ihr nicht seine Sprache sprecht. Jeder Schlachter, jeder Gassenjunge soll unsere Bibel verstehen. Man muss dem Volk aufs Maul schauen, aufs Maul schauen!

JONAS Nun, so holen wir eine, die sich damit auskennt.

LUTHER *(überlegt, ruft.)*
Käthe!

ERWACHSENE KATHARINA Liebe Freundinnen, ihr verzeiht. Sie grübeln oft stundenlang über einem einzigen Wort – und am Ende brauchen sie doch meine Hilfe.
(betritt energisch die Turmstube.)
Vier Männer beim Bibeln in der engen Stube – hier müsste mal gelüftet werden.

MELANCHTHON Bibeln, das gefällt mir.

LUTHER Doktor Kethus, du hast Geschick beim Wortdrechseln. Schau dir das mal an.

Erwachsene Katharina *(liest.)* Nun, da könnte man ...

(Sie beugen sich über die Schriftstücke. Gemurmel.)

Elisabeth Ich fürchte, wir werden heute nicht mehr gebraucht.

Katharina Jonas Ja, ich denke das wars.

(Beide ab.)

Luther Das wars. Ihr Lieben, da habt ihr nun die Bibel, komplett übersetzt.

Melanchthon Das Alte und das Neue Testament in lebendigem Deutsch.

Bugenhagen Ein großer Moment.

Jonas Davon können unsere Kanzleien noch etwas lernen!

Luther Käthe, hier die letzten Seiten. Bring sie in die Druckerei zu Hans Lufft. Er soll gleich mit dem Drucken beginnen. – Und jetzt ... Rosine, Marie!

Die Kollegen Bier her, Bier her!

Erwachsene Katharina *(unten.)*
So, ihr Lieben ...
(bemerkt, dass die Freundinnen weg sind. Ab.)

(Die Mägde bringen Bierkrüge.)

Die Männer Zum Wohl!

(Dunkel.)

- Luthers Reisen und Briefe

Katharina Jonas, Erwachsene Katharina. Marie. Lene, Rosine, Kinder. Elisabeth.

(Käthe mit Baby, Frau Jonas am Stubentisch.)

KATHARINA JONAS Käthe, mir ist gar nicht recht, dass unsere Männer zum Reichstag nach Augsburg aufgebrochen sind. Nun sitzen wir allein zuhaus, wer weiß wie lange!

ERWACHSENE KATHARINA Allerdings. Zwar ist die Reichsacht über Martin aufgehoben, aber ich hätte ihn am liebsten gar nicht reisen lassen. Wer weiß, welche Gefahren ...

MARIE *(stürzt herein.)*
Ein Brief, ein Brief vom Doktor Luther!

KATHARINA JONAS *(liest.)*
"Aus der Einöde Gruboc"?

ERWACHSENE KATHARINA Lies es umgekehrt, das ist die Veste Coburg. Er ist nicht in Augsburg!

(Dunkel. Licht. Andere Sitzordnung, Lene und Rosine dazu.)

LENE Die Kinder, hol die Kinder!

(Rosine bringt die Kinder.)

LENE *(liest.)*
"Liebe Kinder! Ich weiß einen hübschen, schönen, lustigen Garten. Da gehen vielen Kinder drinnen, haben goldene Röcklein und sammeln schöne Äpfel, Birnen und Kirschen. Da fragte ich den Mann, dem der Garten gehört: Ich habe auch Kinder, dürfen diese auch in den Garten kommen?"

KINDER Ja, auja!

LENE "Da sprach der Mann: Wenn sie gern lernen und fromm sind, so sollen sie auch in den Garten kommen. Hiermit Gott befohlen und grüßt Muhme Lene ..." – Oh! – "... und gebt ihr einen Kuss von meinetwegen. Euer Lieber Vater."

(Die Kinder stürmen auf Lene zu. Dunkel. Licht. Neue Sitzordnung.)

ELISABETH *(liest.)*
"Aus der Wüste, am 24. September 1530. Frau Kathrin Luthern, lieber Herr Käthe!"
(Pause.)
"Ich bin sehr gesund und habe kein Sausen im Kopf. Dass nur des Reichstags ein Ende werde! Melanchthon hat unser Glaubensbekenntnis überreicht und es heißt, der Kaiser werde es dulden. Wenn Gott will, werden wir in vierzehn Tagen bei euch sein."

ERWACHSENE KATHARINA *(springt auf, liest.)*
"Gestern hatte ich einen schlechten Trunk, da dachte ich bei mir: Wie gut Wein und Bier hab ich daheim, und dazu eine schöne Frau – oder sollte ich sagen: Herrin."

(Dunkel. Alle ab.)

- Käthes Hauswirtschaft

Die drei Katharinas. Luther im Turmzimmer.

ERWACHSENE KATHARINA Gott sei Dank. Martin kommt nach Hause, nach über einem halben Jahr.

JUNGE KATHARINA Während seiner vielen Reisen blieb ich allein zurück mit dem großen Haus und der ganzen Wirtschaft.

KLEINE KATHARINA 1532 schenkte uns der Kurfürst Johann der Beständige das Schwarze Kloster als Freihaus – das heißt steuerfrei!

ERWACHSENE KATHARINA Nun konnte ich das ganze Lutherhaus renovieren lassen.

Junge Katharina Wir lebten jahrelang auf einer Baustelle. Martin fürchtete gar, man werde ihm sein Turmzimmer abreißen.

Kleine Katharina Wir bekamen eine Badestube, ein Brauhaus, Viehställe und mehrere Keller für die Lagerung.

Erwachsene Katharina Wir richteten die 40 Mönchszellen wieder her. Und nicht eine davon blieb leer.

Junge Katharina Ich eröffnete eine Burse, ein Studentenwohnheim mit Mittagstisch. Unsere Gäste kamen von überall her, um den berühmten Doktor Martinus zu sehen.

Kleine Katharina Und von da an war das Haus immer voll, wie ein Bienenstock: Kinder und ihre Lehrer, Studenten, Abgesandte aus aller Welt ...

Erwachsene Katharina ... Neugierige, Verehrer, Verrückte ...

Junge Katharina ... Witwen, Waisen, entflohene Nonnen ...

Kleine Katharina ... arbeitslose Prediger und viele Flüchtlinge, die seit der Reformation aufgrund ihres Glaubens verfolgt wurden.

Erwachsene Katharina Wir fragten nicht nach Herkunft oder Stand – wir nahmen sie einfach auf. Ohne Wenn und Aber.

Junge Katharina *(zum Publikum.)*
Sie fragen sich, wie wir so viele hungrige Mäuler versorgen konnten? – Martin war das egal, er sagte bloß "Meine Großnichte heiratet, sieh zu, dass etwas

Anständiges auf dem Tisch steht". Und Martins Verwandtschaft war groß, sehr groß!

ERWACHSENE KATHARINA Die Antwort lautet: Selbstversorgung! Unsere Hauswirtschaft entsprach etwa der Größe des Klosters, in dem ich als Mädchen gelebt hatte. Wir hatten Fischteiche, Rinder und Geflügel, brauten 5.000 Liter Bier im Jahr und buken unser eigenes Brot – das alles mit ein paar Mägden und Knechten.

KLEINE KATHARINA Was mir nun noch fehlte, war ein größerer Garten.

(Kleine und Junge Katharina ab. Luther kommt herunter.)

LUTHER *(gähnt.)*
Uaah, gleich vier Uhr nachts. Ah, der Morgenstern von Wittenberg ist schon auf. Ich gehe ins Bett.

ERWACHSENE KATHARINA Doktor Martinus, nicht so schnell! Ich habe noch mit dir zu sprechen.

LUTHER Oha, sie wechselt zum Du, das bedeutet Ärger.

ERWACHSENE KATHARINA Allerdings. Hast du dem Doktor Weller zugesagt, wir würden seine Hochzeit ausrichten, hier bei uns in Wittenberg?

LUTHER J-jaa...?

ERWACHSENE KATHARINA Nun, daraus wird nichts.

LUTHER Daraus wird nichts?

ERWACHSENE KATHARINA Nein, daraus wird nichts. Weißt du, was ein Hochzeitsschmaus für einen Doktor der Universität kostet? Da kommen leicht 100 Gulden zusammen oder 120!

(weinend.)
Und das gerade jetzt, wo ich mich nach dem Garten erkundigt habe.

LUTHER Nach welchem Garten?

ERWACHSENE KATHARINA Draußen vor der Stadt ist ein großer Garten zu verkaufen, direkt am Saumarkt.

LUTHER Aber Käthe, du weinst ja.

ERWACHSENE KATHARINA Ja, es ist aber auch ein Graus mit Euch! Für jeden dahergelaufenen Akademiker habt Ihr ein Herz, aber Eure eigene Familie muss das Obst teuer auf dem Markt erstehen. Denkt Euch nur, dort könnte ich Kirschbäume ziehen, Pfirsiche, Birnen ...

LUTHER Ist das denn wirklich nötig?

ERWACHSENE KATHARINA ... Bienenstöcke für unseren eigenen Honig. Der Garten ist seehr günstig zu haben!

LUTHER Also gut, ich gebe auf. Dann wirst du aber zugeben müssen, dass ich meine Briefe an die "Saumarkterin" adressiere.

ERWACHSENE KATHARINA *(plötzlich wieder fröhlich.)*
Bene, das mag immerhin geschehen. Seht Ihr, am Ende macht Ihr doch so wie ich will.

LUTHER Wo habe ich zu unterschreiben?

ERWACHSENE KATHARINA *(reicht ihm ein Papier.)*
Hier.

LUTHER ... und wie viel zu bezahlen?

ERWACHSENE KATHARINA Nichts mehr, denn das habe ich gestern schon gemacht!

(Ab.)

- Die Finanzen

Luther. Erwachsene Katharina. Lenchen.

LUTHER So ist sie, meine Kette. Kauft einen Garten, nicht für mich – sondern gegen mich.
(am Tisch, rechnet.)
Eins im Sinn, vier, sechs ... 31 Groschen vier Pfennige nur für Semmeln?

ERWACHSENE KATHARINA *(kommt wieder.)*
Was rechnet Ihr, Herr Doktor?

LUTHER Ich habe eine wunderliche Haushaltung, ich verzehre mehr als ich einnehme. Hier sind für 500 Gulden Kosten in der Küche aufgeführt, obwohl doch meine Besoldung sich nur auf 200 Gulden jährlich beläuft? Ich frage mich, wie das zugeht.

ERWACHSENE KATHARINA Nun, das kann ich Euch erklären: mehr Einnahmen, weniger Ausgaben! Da Ihr es ja vorzieht, honorarfrei zu schreiben, habe ich andere Quellen aufgetan, zum Beispiel die Studentenunterkünfte. Ihr habt Euch noch nie über ein gutes Essen beklagt, was meint Ihr denn wo das Wildbret am letzten Sonntag herkam?

LUTHER Ja, woher?

ERWACHSENE KATHARINA Aus dem kurfürstlichem Wald, mit besten Empfehlungen von Eurem Landesherrn!

LUTHER Ach so!

ERWACHSENE KATHARINA Eure ganze Hauswirtschaft überlebt nur, weil ich jeden Gulden mehrmals ansehe, bevor ich ihn ausgebe – und wir dazu noch allerlei Viktualien geschenkt bekommen – vom Hofe und von der Stadt.

LENCHEN *(kommt hereingelaufen und greift sich einen Apfel vom Tisch.)*

LUTHER Mein liebes Lenchen, wie viel Kostgeld zahlst du mir eigentlich?

LENCHEN Ei Vater, Essen und Trinken kauft Ihr ja nicht. Das macht alles die Frau Mutter!
(Ab.)

ERWACHSENE KATHARINA Kurzum, hier geht es um Hunderte von Gulden, da braucht Ihr die Pfennige für die Semmeln nicht zu zählen!

LUTHER Jawohl, meine tiefgelehrte Hausfrau. Ich mag nie mehr rechnen, es macht einen gar verdrossen. Lassen wir es dabei: Ich verdiene fast soviel, wie ich ausgebe. – Sieh zu, wo du es kriegst!
(Ab.)

- Viel zu tun

Erwachsene Katharina. Lene. Zwei Studenten. Marie. Lenchen, Rosine. Luther.

(Im Folgenden immer schnelleres Auf- und Abtreten der Beteiligten.)

ERWACHSENE KATHARINA Ja, so denkt mein Martin – naiv im wahrsten Wortsinn, wie ein Neugeborenes. Dabei weiß ich manchmal wirklich nicht, wo mir der Kopf steht ...

(Babygeschrei.)

LENE Das Gretchen gibt keine Ruhe, wahrscheinlich zahnt sie wieder.

ERWACHSENE KATHARINA Gib her, ich nehme sie.

(Zwei Studenten poltern herein.)

STUDENTEN Trink, trink, trink, solange noch Wein im Rheine fließt ...

ERWACHSENE KATHARINA Ruhe, seht ihr nicht, dass ich ein Kindlein auf dem Arm habe? Überhaupt, schämts ihr euch nicht, mitten in der Nacht heimkommen und weltliche Lieder singen? Und das von zwei Theologen, im Hause des Doktor Luther!

STUDENT 1 Jawohl, Frau Doktorin.

STUDENT 2 Bitte, erzählts dem Doktor nicht.

ERWACHSENE KATHARINA Ab mit euch aufs Zimmer! Und denkt an die Miete, ihr seid säumig!

(Marie von draußen herein.)

MARIE Frau Doktorin?

ERWACHSENE KATHARINA Ja, Marie?

MARIE Draußen stehen die Handwerker von der Stadt und fragen, was sie zuerst bringen sollen, die Fuhre Backsteine oder den Kalk?

ERWACHSENE KATHARINA Was ist das für eine Frage – der Kalk kommt an die fertigen Wände, also zuerst die Backsteine natürlich. Und sie sollen sich beeilen, sie wollten gestern schon anfangen!

MARIE Jawohl.

(Lenchen weinend im Nachthemd.)

LENCHEN Buääh!

ERWACHSENE KATHARINA Was ist denn, mein Lenchen?

Lenchen Ich kann nicht schlafen, Hänschen erzählt Schauergeschichten von einem bösen Drachen!

Erwachsene Katharina Jetzt gehst fein wieder schlafen und sagst dem Hans, er soll aufhören. Sonst schick ich den Vater und der haut ihn windelweich.

Lenchen Das Hänschen?

Erwachsene Katharina Nein, den Drachen.

(Rosine von draußen.)

Erwachsene Katharina Guten Morgen, Rosine.

Rosine Guten Morgen. Soeben geht ein Herold durch die Straße und verkündet, dass morgen Bier gebraut werden darf!

Erwachsene Katharina So sag dem übrigen Gesinde Bescheid, dass heute kein Unrat in die Gosse gekippt wird, damit wir morgen sauberes Brauwasser aus dem Stadtbach nehmen können!

(Die Studenten auf dem Weg zur Haustür.)

Studenten *(singend.)*
Bist du voll, so leg dich nieder, stehe auf und sauf herwieder.

Erwachsene Katharina Halt!

Student 1 Wir wollten noch auf ein Trünklein in die Schenke.

Erwachsene Katharina Von wegen, Ruhe habe ich gesagt. Und die Miete!

Student 2 Aber, dann haben wir ja nichts mehr für die ...

Erwachsene Katharina Gib Geld – und ab ins Bett, ausschlafen!

(Lenchen zurück.)

LENCHEN Buuäääh!

ERWACHSENE KATHARINA Du schon wieder?

LENCHEN Der Hans erzählt immer noch Schauergeschichten.

ERWACHSENE KATHARINA Ach, komm auf den Arm.

(Sie setzt sich, hält nun das Baby und Lenchen. Luther tritt ein.)

LUTHER Na, ruhst du dich aus, meine gute Käthe? Nichtstun ist auch mal schön, nicht wahr Frau Doktor?

ERWACHSENE KATHARINA *(schimpft.)*
Ausruhn? Nichtstun? Pass bloß auf!
(greift irgendeinen Gegenstand z. B. Kochlöffel und jagt ihn hinaus.)

LUTHER *(flieht nach oben.)*

ERWACHSENE KATHARINA Ab in dein Turmstübchen, du Doktor, du Martin, du ...! Nichtstun! – Wer hält denn hier den ganzen Laden am Laufen?

(Dunkel.)

Szene III.3

Im Schwarzen Kloster, wie zuvor. Vorn: angedeuteter Garten, ein Busch oder Obstbaum.

In der Stube am Tisch: Barbara, Elisabeth, Katharina Jonas, Lene mit Lenchen. Vorn: die drei Katharinas mit Gartengeräten. Später: Rosine, Marie. Luther.

(Vogelgezwitscher.)

- Gut Zulsdorf

ERWACHSENE KATHARINA Hier, beim Gärtnern auf Gut Zulsdorf, kann ich mich entspannen ...

KLEINE KATHARINA ... beim Säen und Jäten ...

JUNGE KATHARINA ... beim Zupfen und Ernten.

ERWACHSENE KATHARINA Erholen von den schlechten Nachrichten in der Stadt. 1535 verstarb meine Freundin Elisabeth Kreuziger.

ELISABETH *(steht auf, langsam ab.)*

KLEINE KATHARINA Ihr Kirchenlied wird bis heute gesungen, 500 Jahre nach seiner Entstehung.

JUNGE KATHARINA Zwei Jahre später verschied meine gute Muhme Lene.

LENE *(Ab.)*

ERWACHSENE KATHARINA "Ich kümmere mich um dich", das hatte sie mir schon in Marienthron versprochen. Und sie hielt ihr Versprechen, an jedem einzelnen Tag ihres Lebens.

KLEINE KATHARINA Ende 1539 hatten wir wieder die Pest in Wittenberg.

JUNGE KATHARINA Ich bin nie krank gewesen. Doch nun forderten die Anstrengungen der Jahre ihren Preis. Ich erlitt eine Fehlgeburt und lag wochenlang darnieder.

ERWACHSENE KATHARINA Martin betete und flehte: "Liebe Käthe, stirb mir ja nicht". Und er trotzte mich dem Herrngott wieder ab.

KLEINE KATHARINA Mittlerweile war Lucas Cranach Bürgermeister von Wittenberg geworden.

Junge Katharina Er verlor seine Frau Barbara im Jahre 1540 – und ich eine gute Freundin. Ich sah, wie sehr Meister Cranach um sie trauerte – und das ließ auch mich daran denken, wie es sein würde, eines Tages, ohne Martin ...

Barbara *(Ab.)*

Erwachsene Katharina Doch das Schlimmste stand uns noch bevor: Im Herbst 1542 ging unsere zweite Tochter Magdalena von uns, unser Lenchen, Martins Liebling.

(Die zwei Mägde bringen ein schwarzes Tuch und legen es über Lenchen.)

Kleine Katharina Er versuchte zu trösten, rief: "Bedenke doch, wo sie hinkommt: sie kommt wohl."

Junge Katharina Aber noch monatelang zürnte er mit Gott und dem Teufel.

Erwachsene Katharina Freude und Kummer wohnten bei uns stets nebeneinander.

Kleine Katharina Doch manchmal schien es, als würde der Kummer kein Ende nehmen.

Junge Katharina Schließlich, im gleichen Jahr, starb auch Katharina Jonas, meine beste Freundin.

Katharina Jonas *(Ab.)*

Erwachsene Katharina Sie erlag den Folgen der Geburt ihres 13. Kindes. – Um mich herum schien alles zusammenzubrechen, auch Martin alterte stark. Er versank in Schwermut: Satans Bad, wie er es nannte.

Kleine Katharina Und ich?

Junge Katharina Ich brauchte ein paar Wochen, hier in Zulsdorf, nur für mich. Das Gut, das früher schon der Familie Bora gehört hatte, schenkte mir Martin und bedauerte es bald danach – denn es ist zwei Tagesreisen von Wittenberg entfernt.

Erwachsene Katharina Und ich bin nun schon drei Wochen hier.

Rosine Ein Brief, vom Herrn Doktor.
(liest.)
"Meiner freundlichen lieben Hausfrau, Katharina Luther von Bora, Predigerin, Brauerin, Gärtnerin und wie Euer Gnaden sonst noch heißen!" Seine Anreden sind immer das Beste an den Briefen. – "Der reichen Frau zu Zulsdorf, zu Wittenberg leiblich wohnhaft und zu Zulsdorf geistlich wandelnd. – Mein Liebchen! Mich wundert ..."

(Luther steht nun selbst im Garten.)

Luther Mich wundert, dass du gar nicht schreibst.
(nimmt Käthes Hände.)
Komm heim, zu mir und den Kindern. Wir haben dich nötiger als dieser Garten.

(Dunkel. Alle ab.)

Szene III.4

Im Schwarzen Kloster.

Luther, Jonas, Bugenhagen, Melanchthon. Erwachsene Katharina. Marie, Rosine.

- Luthers Tod

LUTHER Also, meine Herren. Es ist beschlossen: Professor Jonas begleitet mich nach Eisleben, um die Erbstreitigkeiten der Grafen von Mansfeld zu schlichten.

MELANCHTHON Mit etwas Geschick seid ihr vor Weihnachten zurück und wir, der Pfarrer und der kleine Grieche, halten hier die Stellung.

LUTHER Weiß Gott, ich wollt's gern so machen, dass ich nicht wieder nach Wittenberg zu kommen brauchte. Mein Herz ist erkaltet und ich bin nicht mehr gerne hier. Die Stadt ist wie Sodom, zweitausend Bürger, nochmal so viele Studenten, und alle schlagen sich gegenseitig die Köpfe ein.

BUGENHAGEN Das lass mal nicht die Frau Doktorin hören, die würde dich sonst an eine Kette legen.

LUTHER Wer weiß, ich bin geboren und getauft in Eisleben ... vielleicht soll dort ja auch alles enden?

JONAS Das lass sie noch weniger hören, sie bekommt ja einen Riesenschreck!

(Käthe tritt ein.)

ERWACHSENE KATHARINA Wer bekommt einen Riesenschreck?

JONAS Niemand. Wir machen uns eben fertig für die Reise nach Eisleben.

ERWACHSENE KATHARINA Martin, ist es wirklich nötig, dass du wegen dieser Erbsache eine so lange Reise auf dich nimmst?
(hält seine Hand.)

Dir war oft nicht wohl in letzter Zeit, und der Winter steht vor der Tür.

LUTHER Ja, meine geliebte Käthe, es sieht so aus, als sollte ich nun auch noch unter die Juristen gehen – aber ich habe es versprochen, und der Kollege Jonas und unsere drei Söhne sind ja bei mir.

ERWACHSENE KATHARINA Behüt dich Gott!

(Luther und Jonas ab. Dunkel. Licht.)

MARIE *(liest aus einem Brief.)*
"Meiner herzlieben Hausfrau, Doktorin, Zulsdorferin, Saumarkterin, und was sie mehr sein kann! – Ich bin schwach gewesen, auf dem Weg nach Eisleben."

ERWACHSENE KATHARINA O Gott, was ist mit ihm?

MARIE "Als ich auf dem Wagen saß, ging mir ein solcher Wind an meinen Kopf, als wollt mir's das Hirn zu Eis machen."

BUGENHAGEN Er hat sich erkältet, nichts weiter!

MARIE "Sonst haben wir zu fressen und saufen genug. Deine Söhne fahren Schlitten."

MELANCHTHON Na also.

ERWACHSENE KATHARINA Trotzdem, ich will ihm ein paar Hausmittel schicken, zur Stärkung.

(Dunkel. Licht.)

MARIE *(liest.)*
"Der heiligen, besorgten Frau Kathrin Lutherin, Richterin auf dem Saumarkt zu Wittenberg. Allerheiligste Frau Doktorin! Wir danken Euch ganz freundlich für Eure große Sorge, vor der Ihr nicht schlafen könnt."

(zögert, reicht den Brief weiter.)

ROSINE *(liest.)*
"Lass mich zufrieden mit deiner Sorge; ich hab einen besseren Sorger, als du und alle Engel sind, der liegt in der Krippe."

ERWACHSENE KATHARINA Hat er das wirklich geschrieben?

MELANCHTHON Ja, und noch dies dazu: "Lies Du, liebe Käthe, das Evangelium des Johannes, wovon Du einmal sagtest: Es ist doch alles in dem Buch von mir gesagt. Denn Dein Gott könnte zehn Doktor Martinus schaffen, wenn der alte ersöffe in der Saale."

ERWACHSENE KATHARINA Das gefällt mir gar nicht. Was, wenn er nicht wiederkommt?

BUGENHAGEN Beruhigt Euch, liebe Käthe. Hier steht es ja: "Wir sind, Gottlob, frisch und gesund, nur dass uns die Verhandlungen Unlust machen." Da habt ihrs.

ERWACHSENE KATHARINA Warum dauert es nur so lange? Da wird man ja wahnsinnig.

(Dunkel. Licht. Bugenhagen und Melanchthon warten bedrückt an der Tür.)

ROSINE *(liest.)*
"Meiner freundlichen, gnädigen Hausfrau. Liebe Käthe! Wir hoffen, diese Woche wieder heimzukommen, so Gott will. Denn die Grafen von Mansfeld haben fast alles in Einklang gebracht."

ERWACHSENE KATHARINA *(entreißt ihr den Brief.)*
"Hier ist das Gerücht aufgekommen, dass Doktor Martinus gestorben sei. Solches erdichten die

Narren. Gott befohlen, zu Eisleben am Valentinstag 1546."

(Einblendung: Luthers Totenbildnis.)

MELANCHTHON Das muss er noch kurz vor seinem Tod geschrieben haben.

BUGENHAGEN Er musste seine letzte Predigt in Eisleben vor Schwäche abbrechen. In den Morgenstunden des 18. Februar ist er dann entschlafen.

MELANCHTHON Doktor Jonas und die Söhne waren bei ihm.

(Katharina bricht schluchzend zusammen, die anderen stützen sie. Dunkel. Licht.)

JONAS *(tritt ein, tröstet Käthe.)*
Und dies waren seine letzten Worte: "Niemand solle glauben, die Heilige Schrift genügend geschmeckt zu haben. Wir sind alle Bettler, das ist wahr."

MELANCHTHON Frau Doktorin, Ihr müsst Euch bereit machen. Eure Söhne und Margareta warten schon. Es kam ein Eilbote, in weniger als einer Stunde wird die Prozession an der Schlosskirche sein.

(Glockengeläut.)

MARIE *(hektisch.)*
Die Glocken läuten schon, sie kommen! Der ganze Trauerzug mit dem Sarg, die Reiter aus Mansfeld, die Abordnung des Kurfürsten, die Herren von der Stadt, die Universität und alle Geistlichen.

ROSINE Dazu allerlei Volk, Bürger, Bauern, Mägde und Kinder ... es will kein Ende nehmen, wohl mehrere tausend Leute!

ERWACHSENE KATHARINA Lasst mir einen Moment, ich bin gleich da.

(Alle anderen ab.)

ERWACHSENE KATHARINA *(nimmt Feder und Papier, schreibt.)*

Der ehrbaren Frau Christina von Bora, meiner lieben Schwägerin. – Wer wollte nicht betrübt und bekümmert sein um einen solchen teuren Mann, der nicht allein einer Stadt, sondern der ganzen Welt gedienet hat. Ich kann vor Leid und Weinen weder essen noch trinken, auch nicht schlafen.

(Dunkel.)

Akt IV

Szene 1

Im Schwarzen Kloster. Lutherstube.
Erwachsene Katharina. Jonas, Bugenhagen, Melanchthon.
(Verschiedene Dokumente liegen auf dem Tisch. Käthe mit tief ins Gesicht gezogener Witwenhaube.)

- Luthers Testament

(Einblendung: Luthers Testament.)

JONAS *(liest.)*
"Ich, Martin Luther, Doktor, bekenne mit dieser meiner eigenen Handschrift, dass ich meiner lieben und treuen Hausfrau Katherin gegeben habe zum Leibgeding, auf ihr Lebenlang: das Gut Zulsdorf, das Haus Bruno zur Wohnung und zum dritten die Becher und Kleinode, welche ungefähr sollten eintausend Gulden wert sein.

Das tue ich darum, dass sie mich als eine fromme und treue Ehefrau allzeit lieb gehalten und mir durch Gottes Segen fünf Kinder geboren und erzogen hat. Ich denke, die Mutter werde ihren eigenen Kindern der beste Vormund sein."
(seufzt schwer.)
"Auch bitt ich alle meine guten Freunde, sie wollten meiner lieben Käthe helfen, wo etliche unnütze Mäuler sie verunglimpfen wollten."

(zu den Kollegen.)
Sind dies Eure Unterschriften?

Bugenhagen Ja, es ist das Testament, das Martin bereits 1542 verfasst hat.

Melanchthon Von uns beiden unterzeichnet.

Jonas Hm... es tut mir leid. Das ist kein gültiges Testament, das ... ist ein Liebesbrief. – Nach sächsischem Recht darf die Witwe nicht Alleinerbin und eine Mutter nicht der Vormund ihrer Kinder sein. Es müssen sogar Vormünder für Euch bestellt werden, liebe Käthe.

Erwachsene Katharina Das ... darf doch nicht wahr sein?

Bugenhagen Es ist ein umfangreicher Besitz, den Martin ... den Ihr angehäuft habt. Das Klosterhaus, die Gärten, dazu allerlei Hausrat. Luther war ein wohlhabender Mann, dank Eurer Mühen.

Erwachsene Katharina Ich habe immer nach Grundbesitz gestrebt, zur Sicherheit für die Kinder ...

Melanchthon Es wird Neider geben und falsche Freunde, die versuchen werden Euch dies streitig zu machen.

Erwachsene Katharina Aber die Kinder, die Kinder müssen doch bei mir bleiben?

Jonas Wir können versuchen, beim Kurfürsten eine Entscheidung zugunsten des Testaments zu bewirken. Zumindest aber, dass die Vormünder nach Euren Wünschen ausgewählt werden und Ihr gemeinsam im Schwarzen Kloster bleiben dürft.

Erwachsene Katharina Wie lange wird das dauern? Die Studenten bleiben aus, seit Martin von uns gegangen ist – und mit ihnen die Einkünfte. Man hat mir auf dem Markt schon gesagt, dass ich nicht mehr kreditwürdig sei. Und die Kinder sind noch so jung, Margarete erst elf!

Bugenhagen Ich werde meine alten Verbindungen nach Dänemark nutzen und Christian III. um Unterstützung bitten. Ohne uns hätte er noch keine Reformation in seinem Königreich gehabt.

Melanchthon *(reicht ihr einen Beutel.)*
Hier, nehmt einstweilen etwas von mir.

Erwachsene Katharina Magister Philippus, Ihr kommt doch selbst kaum über die Runden ...

Melanchthon Ich werde es mir vom Kurfürsten zurückholen und gleich noch etwas mehr.

Erwachsene Katharina *(weint.)*
(Alle drei stehend tröstend bei ihr.)

Jonas Liebe Käthe, wir lassen Euch nicht allein. Wir haben nun wichtige Briefe für Euch zu schreiben. Es kommen auch wieder bessere Tage!

(Die Männer gehen ab.)

Erwachsene Katharina Ach, wie gern denke ich an fröhlichere Tage, als er noch da war. Doktor Martinus, mein Martin.

(Lichteffekt.)

Szene IV.2

Im Schwarzen Kloster.

Erwachsene Katharina. Luther im weißen Gewand.

(Aus dem Lichteffekt heraus erscheint Luther.)

- Rückblick

ERWACHSENE KATHARINA Weißt du noch, wie wir uns kennenlernten?

LUTHER Ich weiß es noch. Damals hielt ich dich für hochmütig, das schrieb ich auch meinem Freund Spalatin, dem Berater des Kurfürsten. – Aber was wie Stolz aussah, war wohl dein Selbstbewusstsein.

ERWACHSENE KATHARINA Und ... bereust du es, dein Keuschheitsgelübde wegen mir gebrochen zu haben und nicht wegen dieser Ave von Schönfeld?

LUTHER Nein, ich habe keinen Tag bereut. Es ist wahr, ich hatte zunächst ein Auge auf sie geworfen ...

ERWACHSENE KATHARINA Aber du konntest dich nicht entscheiden.

LUTHER Richtig. Und du und dieser Baumgärtner'? Wolltest du ihn wirklich heiraten?

ERWACHSENE KATHARINA Ach was, das war nur Schwärmerei.

LUTHER Ich habe ihm später mal geschrieben, mit besten Grüßen von dir, seiner alten Flamme.

ERWACHSENE KATHARINA *(nimmt seine Hand.)*
Tief im Innern wusste ich, dass der Herrgott etwas anderes mit mir vorhatte.

Luther Und so habe ich eine entlaufene Nonne zur Frau genommen – wer hat das in den Sternen gesehen?

Erwachsene Katharina Es war immer so, wie ich es mir ausgemalt hatte.

Luther Wie denn?

Erwachsene Katharina Nie langweilig. Das habe ich damals schon Christian II. und Meister Cranach gesagt.

Luther Na, du wolltest doch immer die Welt verändern.

Erwachsene Katharina Das meine ich gar nicht, eher die kleinen Dinge, wie das Hochzeitsgeschenk von Erzbischof Albrecht ...

Luther Die Silbergulden meines vermaledeiten Erzfeindes, die ich abgelehnt hatte? Was ist damit?

Erwachsene Katharina Die haben wir behalten.

Luther Wir haben was?!

Erwachsene Katharina Ich habe den Gesandten des Bischofs aufgehalten und ihm gesagt, Doktor Luther habe es sich anders überlegt.

Luther Also, da bin ich ... platt.

Erwachsene Katharina ... und als du mir einmal 50 Gulden versprachst, wenn ich die ganze Bibel durchlesen würde ...

Luther ... waren es am Ende *diese* Gulden?

Erwachsene Katharina Schon möglich.

Luther *(Kopfschütteln, Schmunzeln.)*
Und weißt du noch, du hast mich immer Elsbeeren bestellen lassen bei meinem Freund Agricola. Kein

Mensch isst sonst Elsbeeren. Und keiner weiß etwas damit anzufangen, nur du. Du hast immer einen Weg gefunden. Vielleicht wird man dir später eine Elsbeere zum Gedenken pflanzen. Einen Lutherin-Baum. Um beide nicht zu vergessen: die seltene Frucht und meine gute Frau.
(umarmt sie.)

ERWACHSENE KATHARINA Kaum zu glauben, dass man so viele Jahre lang inmitten von Kleinkram und Ärger so glücklich sein kann. Bei all dem Trubel in unserem Haus.

(Es wird ein langer oder ein zweiter Tisch in die Stube gebracht.)

- Die Tischreden

Langer Tisch im Hause Luther. Sitzordnung wie folgt:

Luther, Käthe, Muhme Lene. Bugenhagen, Jonas, Melanchthon. Katharina Jonas, Elisabeth, Barbara. Zwei Studenten. Mägde, die Essen auftragen und Krüge mit Getränken bringen.

(Der Tisch füllt sich mit allerlei Personen, ohne Rücksicht darauf, dass Frauen – außer Käthe – historisch gesehen nicht anwesend waren. Gegessen wird mit Messer, Löffel und den Fingern.)

LUTHER *(betet.)*
Aller Augen warten auf dich, Herr, und du gibst ihnen ihre Speise zu seiner Zeit. Du tust deine milde Hand auf, und sättigest alles, was lebet mit Wohlgefallen. Amen.

STUDENT 1 *(mit Feder und Papier.)* Doktor Luther, gestattet Ihr, dass ich einige Notizen anfertige von diesem Abend?

LUTHER Meinetwegen. Wer wird das schon lesen wollen?

STUDENT 1 Oho, ich könnte mir gut vorstellen dies in Buchform zu veröffentlichen. Man könnte es "Tischgespräche" nennen oder "Tischreden", zum Beispiel?

LUTHER Dann tut was Ihr nicht lassen könnt.

ERWACHSENE KATHARINA Herr Doktor, lehret sie doch nicht ohne Bezahlung – sie schreiben alles auf!

LUTHER Ich habe mein Lebtag kostenlos gelehrt und gepredigt. Warum soll ich jetzt mit dem Verkaufen anfangen? – Also, was hört man Neues?

STUDENT 2 Das Wetter war wieder sehr trübselig heute.

BUGENHAGEN Gerade so wie unser englischer Kollege Barns aus Oxford, als er heute abreiste.

LUTHER Ha, aus einem traurigen Arsch fährt eben niemals ein fröhlicher Furz.

(Gelächter.)

ERWACHSENE KATHARINA Doktor Martinus, meint Ihr nicht, es wäre von Zeit zu Zeit klüger, einfach mal den Mund zu halten? Ihr wettert schon gegen Juden und Türken, nun auch noch gegen Eure eigenen Kollegen?

LUTHER Ja, da habt Ihr wohl recht, meine Gebieterin. Eins ist sicher, Ihr könntet mit Eurem feinen Deutsch eine gute Lehrerin abgeben.

(Jonas erhebt sich, reibt einen Fleck, setzt sich wieder, es entsteht ein Pupsgeräusch.)

JONAS Oh, Entschuldigung.

LUTHER Wer zuerst es riecht, aus dem es kriecht.

ERWACHSENE KATHARINA Silentium, es wird gegessen.

LUTHER Ergo, die Domina des Hauses hat gesprochen!

(Stille. Alle essen.)

JONAS Dabei heißt es doch: wenn es dir geschmeckt hat, dann lass einen fah...

LUTHER Scht, die Frau Doktorin mags nicht leiden!

MELANCHTHON Ich sage ja immer zu meinem Sohn: Pinkel nicht ins Wohnzimmer, wenn Besuch da ist. Ansonsten ist es gut für das Dielenholz.

ERWACHSENE KATHARINA Was ist denn, dass Ihr ohne Unterbrechung redet und nicht esst? Könnt Ihr niemals ein Ende finden und das Mahl genießen, alle miteinander?

LUTHER Und Ihr, wollt Ihr predigen? Habt Ihr denn zuvor ein Vaterunser gebetet?

ERWACHSENE KATHARINA Geduldet Euch bis nach dem Tisch, so werde ich Euch eine Predigt halten!

LUTHER Wohlan, ich muss Geduld haben mit dem Papst, ich muss Geduld haben mit dem Gesinde und ich muss Geduld haben mit Käthe von Bora. Mein Leben scheint nur aus Geduld zu bestehen.

ERWACHSENE KATHARINA Ruhe jetzt! Euer Essen wird kalt.

(Stille. Essen.)

BARBARA Liebste Käthe, habt ihr noch mehr von dem köstlichen Fisch?

LUTHER *(erhebt seinen Becher.)*
Ja, unsere Erzköchin Käthe hat sich wieder selbst übertroffen. Darf der Herrgott große Hechte und guten Rheinwein schaffen, so darf ich auch wohl essen und trinken!

ERWACHSENE KATHARINA *(geht an die Seite, ruft.)*
Marie, Rosine!

LUTHER So ist sie, meine liebe Hausfrau, meine Rippe. Die Weiber sind von Natur aus beredt und können die Rhetorik, welche doch wir Männer erst mit großem Fleiß lernen müssen.
(zögert.)
Und darüber hinaus, stellt euch vor, es gäbe das weibliche Geschlecht nicht. Dann würde das Haus und alles, was zum Haushalt gehört, zusammenstürzen, ebenso die Staaten und Gemeinden – und das sage ich nicht nur, weil sie gerade hinter mir steht. Jawohl, Frauen soll man loben ... es sei wahr oder gelogen.

ERWACHSENE KATHARINA Habt Ihr denn heute keine feinen theologischen Ideen zu besprechen?

LUTHER Nun, gerade nicht, aber ein anderes biblisches Thema: es wird noch so weit kommen, dass ich mir eine Zweit- und Drittfrau nehme ...

MELANCHTHON ... eine für Haus und Hof, eine für die gelehrten Diskussionen ...

JONAS ... und eine dritte für die freien Tage und Vergnügungen.

Erwachsene Katharina Das glaub der Teufel. Paulus sagt: Ein jeder habe seine eigene Frau.

Luther Die eigene, aber nicht eine einzige, das steht nicht bei Paulus.

Erwachsene Katharina Das wird nimmermehr geschehen, eher gehe ich freiwillig wieder ins Kloster.

Luther Ins Kloster? Du hättest dich zu Tode gemartert mit Wachen, Beten und Lesen – möchtet Ihr wieder ins Kloster gehen, Muhme Lene?

Lene Nein, nein! Niemals.

Luther Genau! Und die Keuschheit? Warum versprechen, was man doch nicht halten kann? Ich kann nur eins versprechen, nämlich dass ich mir nicht selber die Nase abbeiße.

(Stille. Essen.)

Elisabeth Ich hätte da doch eine theologische Frage ...

(Marie bringt ein Baby, Käthe nimmt es auf den Arm.)

Elisabeth Wie steht Ihr zu der Geschichte von Abraham, der auf einen Berg stieg, um seinen Sohn Isaak dem Herrn zu opfern?

Luther Nun, der Gang wird ihm sehr schwergefallen sein, jedoch ...

Erwachsene Katharina Ich kann's in meinen Kopf nicht bringen, dass Gott sollt von jemandem verlangen, sein Kind zu erwürgen!

Luther ... jedoch, Doctorissa, Gott hat auch seinen eigenen Sohn nicht geschont ...

ERWACHSENE KATHARINA Das tut nichts, es ist grausam, und damit basta!

LUTHER Ach, wenn ich noch einmal freien sollte, so wollt ich mir ein gehorsames Weib aus einem Stein hauen. So sehr hab ich verzweifelt an aller Weiber Ungehorsam. – "Besser in der Wüste wohnen als bei einer zänkischen Frau."

BARBARA Was?

KATHARINA JONAS Das wird ja den Frauen überhaupt nicht gerecht!

ELISABETH Wo habt Ihr denn diesen Quatsch her?

LUTHER Buch der Sprüche 21, Vers 19. Ihr könnt nachschlagen, es stimmt!

BUGENHAGEN Aber, beruhigen wir uns doch!

JONAS Nein, jetzt kommt mal ein bisschen Schwung in die Runde!

(Alle reden durcheinander und immer lauter. Improvisation.)

(Plötzlich Stille, das Bild friert ein.)

MARIE UND ROSINE *(bringen ein Schwarztuch und legen es über Käthe.)*

(Lichteffekt wie zu Beginn des Rückblicks.)

Szene IV.3

Tisch abdecken. Marienkirche in Torgau.

Personen wie zuvor. Bugenhagen, Melanchthon. Margareta.

(Käthe unter dem Tuch. Alle anderen begeben sich ins Publikum. Der jeweilige Redner erhebt sich.)

BUGENHAGEN Gnade und Friede in Christo! Wir haben uns hier in der Marienkirche zu Torgau zusammengefunden, um das Begräbnis unserer lieben Frau Doktorin zu begehen: Martin Luthers Ehefrau Katharina von Bora. Nach zweimaliger Flucht vor den Truppen des Kaisers brach sie erneut auf, um mit ihren Kindern vor der Pest aus Wittenberg zu entkommen ...
Auf dem Weg nach Torgau scheuten die Pferde und Katharina stürzte vom Wagen, beim Versuch die Kinder vor größerem Schaden zu bewahren.
Nach mehreren Wochen der Pflegschaft ist sie gestern den Folgen ihrer gebrochenen Hüfte erlegen ...
Magister Philippus Melanchthon möchte einige Worte zu ihrer Ehrung sagen.

MELANCHTHON Liebe Käthe, Herzliebchen, Carissima – so hat Doktor Martinus dich in schier unendlichen Variationen genannt ...
Ich habe darüber nachgedacht, was ohne dich aus der Reformation geworden wäre, liebe Käthe. Gewiss hätte es eine Reformation gegeben, aber sie wäre auf halbem Wege steckengeblieben. – Ohne eure Hochzeit im Jahre 1525 wäre Martin vielleicht noch im selben Jahr gestorben, ganz sicher aber ein bis zwei Jahre später irgend einem seiner zahlreichen Leiden erlegen – oder dem Wahnsinn ...
Ohne dich, Frau Doktorin, wären viele seiner Werke nie geschrieben worden. Es gäbe keinen Kleinen und auch keinen Großen Katechismus, keine Tischreden und wir hätten nie die Gesamtausgabe der Lutherbibel vollendet. Die meisten von Luthers Kirchenliedern sind erst nach eurer Hochzeit

entstanden. Käthe, "Ein feste Burg ist unser Gott" wäre nie gedichtet worden, ohne dich ...

In euren 21 gemeinsamen Jahren in Wittenberg hast du Martin im Schwarzen Kloster ein echtes Heim geschaffen: du hast gebaut, gepflanzt und gewirtschaftet. Gekocht, geboren und gepflegt. Es gibt wohl kein Leid und keine Freude, die du nicht erlebt hast ...

Wenn Martin der Große, der Mächtige war, so bist du, liebe Käthe, die Gewaltige, auf der alles ruhte und die alles am Leben erhielt. Wenn Martin der Kopf der Reformation war, dann bist du ihr Herz, die Seele und die Medizin ...

So habt ihr beide gemeinsam, jeder auf seine Art, die Welt verändert. Und verändert sie noch, denn die Auswirkungen eurer Taten wird man noch in Jahrhunderten spüren.

MARGARETA *(tritt vor, ein Buch in der Hand.)*
Ich ... möchte auch noch ein paar Worte sagen.

MELANCHTHON Bitte.
(zum Publikum.)
Margareta Luther, die jüngste Tochter von Käthe und Martin.

MARGARETA *(zunächst stockend, dann immer sicherer werdend.)*
Mein ... mein Bruder Paul studiert die Medizin, vielleicht wird er mal ein großer Doktor. Er sagt, die Mutter war selbst eine halbe Doktorin. Sie verstand den Vater besser zu behandeln als die großen Ärzte. Sie hat ihm wohl so manches Mal das Leben gerettet ...

Ich ... ich war bei ihr, in den letzten Wochen und in den letzten Stunden, bis gestern, als ihre Stimme brach ... Am Schluss sagte sie, wenn der Herrgott an ihr vorüberginge, möchte sie als Klette in seinem Mantelsaum hängen bleiben ...
(vergräbt die Hände im Gesicht, fasst sich wieder.)
 (Einblendung: Grabstein Katharinas in Torgau.)
MARGARETA Das war sie, das war unsere Mutter: fest und unerschütterlich im Glauben. Ihr ganzes Leben gründete darauf. Sie war eine Frau der Tat, aber sie war auch eine Frau der Heiligen Schrift, ihre ganze Kraft zog sie aus dem Evangelium. Des... deswegen möchten wir Kinder ihr auf das Grabmal diese Bibel legen.
(legt das Buch symbolisch auf den Boden.)
Lebe wohl und geh mit Gott!
 (Alle ab, nur Käthe bleibt sitzen.)
 (Licht bleibt.)

Epilog

Wie zuvor.
Die drei Katharinas.
(Die beiden Jüngeren entfernen das Schwarztuch.)
KLEINE KATHARINA So sterbe ich also.

JUNGE KATHARINA Ich sterbe ...

ERWACHSENE KATHARINA Ich sterbe am 20. Dezember 1552 mit 53 Jahren in Torgau.

KLEINE KATHARINA Katharina von Bora, Käthe Luther, die Luthern, Morgenstern von Wittenberg. So hat man mich genannt.

JUNGE KATHARINA Und Martin nannte mich im Scherz "mein Herr Käthe".

ERWACHSENE KATHARINA Ich sterbe also an einer gebrochenen Hüfte.

KLEINE KATHARINA Das kann sich keiner vorstellen.

JUNGE KATHARINA Drei Monate nach dem Unfall auf der Flucht vor dem schwarzen Tod.

ERWACHSENE KATHARINA Ich weiß schon gar nicht mehr, wie oft wir weggerannt sind und einige der Kinder wussten nicht mal warum. Ich habe es ihnen nicht immer gesagt.

KLEINE KATHARINA So endet, paradoxerweise, was einst mit der Flucht auf einer Kutsche begann ...

JUNGE KATHARINA ... meine Flucht aus dem Kloster, meine Flucht zum Leben, meine zweite Geburt ...

ERWACHSENE KATHARINA ... wieder mit einer Flucht auf einer Kutsche, in den Tod.
(Pause.)
Ich hatte ein reiches Leben. Nicht nur reich im materiellen Sinn, auch wenn es oft nicht einfach war. Aber reich im eigentlichen, im wahren Sinn.

KLEINE KATHARINA Was bleibt ist unser Haus, das Schwarze Kloster ...

JUNGE KATHARINA ... unsere Familie, unsere Ehe. Martin und sein Werk. Martin hat die Kirchenspaltung nicht gewollt. Reformation bedeutet Erneuerung, er wollte die Kirche aufrütteln, den Papst und die Bischöfe, ihren Ablasshandel, ihre Missbräuche und Verbrechen. Was wir bekamen, war eine neue Kirche und letztendlich: eine neue Welt.

ERWACHSENE KATHARINA Ohne mich, ohne uns Frauen, wäre das nicht in dieser Form geschehen. Vielleicht wäre er schon 1527 an einem Nierenstein gestorben und die vollständige Lutherbibel hätte es nie gegeben. Viele Wörter aus seiner Übersetzung müssten noch erfunden werden. Die deutsche Sprache hätte sich ganz anders entwickelt – oder überhaupt nicht.

JUNGE KATHARINA Wir wollten die Welt verändern, und das haben wir getan. Das dunkle Mittelalter war beendet.

ERWACHSENE KATHARINA Wer weiß, dachte ich damals, vielleicht in ein- oder zweihundert Jahren werden sich die beiden christlichen Kirchen wieder angenähert haben.

KLEINE KATHARINA Der Ablasshandel wurde 1567 von Papst Pius V. unter Androhung der Exkommunikation abgeschafft.

JUNGE KATHARINA Bis ins 18. Jahrhundert behauptete die katholische Kirche, Martin Luther sei der Sohn des Leibhaftigen. Damit machten sie mich zu Teufels Schwiegertochter!

ERWACHSENE KATHARINA 1999, 500 Jahre nach meiner Geburt, unterzeichneten Vertreter beider Kirchen eine gemeinsame Erklärung, in der wichtige theologische Konflikte beigelegt wurden.

KLEINE KATHARINA Es ist ein erster Schritt. Die Gläubigen suchen nach Gemeinsamkeiten und feiern ökumenische Gottesdienste.

JUNGE KATHARINA Und wenn man mit wachem Verstand und mutigem Herzen an die Sache herangeht, wird man sich fragen müssen:

KLEINE KATHARINA Wo ist eigentlich der große Unterschied?

JUNGE KATHARINA Wir lesen die gleiche Bibel, sprechen das gleiche Glaubensbekenntnis ...

KLEINE KATHARINA ... werden getauft und beten das Vaterunser.

JUNGE KATHARINA Beide, sowohl die Katholiken als auch die Protestanten, die Lutheraner, glauben an den einen Gott.

ERWACHSENE KATHARINA Ist das nicht das Wichtigste, das alles Entscheidende?

KLEINE KATHARINA Und dieser Gott ist barmherzig, voll der Gnade für uns Menschen ... wie Martin in seinem Turmstübchen erkannte.

JUNGE KATHARINA Martin Luther, mein Mann.

ERWACHSENE KATHARINA Ist das nicht eine wahrhaft frohe Botschaft?

(Dunkel. Ende.)

Dank und Mitwirkende

Junges Theater Beber, der Vorstand: Ann-Kathrin Scheibe, Eva Güttinger, Johanna Abend, Kim Kurosch, Peggy Zawilla, Hans-Georg Schewe, Tim Hubert, Torben Holle

Input und Sparring: Christian Priesmeier, Daniel Nagel, Angela Zawilla, Melanie Hansch

Umschlagfoto: © 2016 Alexander Hessenkamp, mit freundlicher Genehmigung

Umschlaggestaltung: Daniel Nagel

Ein besonderer Dank geht an Frau Christiane Dalichow, die uns als Katharina in Wittenberg eine unvergessene Stadtführung bereitet hat.

Zu guter Letzt vielen Dank an meine Familie, meine Inspiration, meine drei Katharinas: Peggy, Adara und Tamina. Ohne euch wäre dieses Werk nicht möglich gewesen.

Stefan Zawilla
September 2016